Vicente Haya

AWARE

Iniciación al haiku japonés

editorial Kairós

Primera edición: Marzo 2013
Segunda edición: Diciembre 2018

ISBN: 978-84-9988-245-1
Depósito legal: B 7.421-2013

Fotocomposición: Beluga & Mleka. 08008 Barcelona
Impresión y encuadernación: Ulzama digital

Sumario

PARTE III: EL HAIKU COMO EXPRESIÓN DE LO SAGRADO

PARTE IV: SECRETOS DEL HAIKU BIEN CONSTRUIDO

PARTE V: EL HAIKU ES UN CAMINO DE EXTINCIÓN DEL "YO"

Agradecimientos y dedicatoria

Las correcciones de los haikus que componen este libro fueron realizadas por Mitsuhiro Tsuji, Yoshie Tsuji, Maki Iizuka, Etsuko Maki, Sayoko Iwashita, Mika Tsujioka, Hiroko Tsuji, Yoko Abiko, Akiko Yamada, Yurie Fujisawa y Keiko Kawabe, a quienes dedico esta obra con mi más hondo agradecimiento.

Prólogo

Aware: el derecho y el deber de escribir un haiku

La única condición que pone el mundo para permitirte escribir un haiku es que antes hayas sentido un *aware*, una profunda emoción motivada por algún suceso. El *aware* es, según la mayoría de los entendidos en literatura japonesa, la clave de la sensibilidad nacional. Hasta que Motoori Norinaga lo devolvió a su pureza original, *mono no aware* venía traduciéndose como "el lamento de las cosas" y se entendía, desde una óptica budista, como esa tristeza que emanaba del mundo por su naturaleza efímera. Norinaga recordó a los japoneses, y nos enseñó a todos los demás, que el *aware* es cualquier clase de emoción profunda que lo exterior provoque en nosotros.

Lo que despierta nuestro *aware* es algo que nos impacta hondamente porque *está ahí*, porque ha llegado a ser y su existencia ha reclamado nuestra atención. Su existencia nos afecta por sí misma, y no porque se trate de una criatura bella cuya muerte más o menos cercana nos apene. La palabra *aware*, que corona muchos poemas japoneses en forma de *aware kana* ("¡Qué *aware* produce!"), podría entenderse como una referencia velada al "yo" del poeta si no fuera porque jamás nos mueve al *aware* un gusto nuestro particular por algo. Lo que nos produce *aware* es lo que se lo causaría a cualquier miembro de la especie humana que estuviera presente y no tuviera completamente distorsionados sus sentidos corporales. Así, cuando el poeta de haiku dice *aware* no puede interpretarse como "¡qué sensible soy!", sino más bien como "¡qué agradecido estoy por haber estado presente!".

El *aware* que sentimos no es solo el permiso que te da el mundo para escribir un haiku sobre eso que presenciaste; también es una responsabilidad. Porque, una vez que lo sientes y conoces que existe una vía de expresión como el haiku para hacerles llegar a otros esa emoción, entonces, al menos en Japón, no tienes excusa si no lo haces. Tu haiku puede ser mejor o peor, puedes haberte profesionalizado en el haiku o tratarse de un *shirôto no haiku* (un haiku casual de alguien que no suele escribirlos), no importa. Pero no tienes derecho a bloquear el fluir del asombro hacia tus congéneres. Si lo que siente un ser humano en la Naturaleza es real debe ser compartido; o, al contrario, y con toda la radicalidad que supone: si algo que se ha sentido en la Naturaleza no puede ser compartido, no ha sido real. El camino del haiku (*haiku-dô*) no es una "devoción privada" sino algo que nos obliga a realizar un trabajo en nuestra sociedad. La lógica social del japonés es que, o trascendemos todos, o aquí no trasciende nadie.

¿Qué haikus incluir en nuestras antologías?

A la hora de seleccionar los haikus que queremos presentar en castellano, los especialistas sufrimos a veces una especie de inevitable paternalismo. Este sentimiento de hacer llegar al lector "lo mejor del haiku" muchas veces traiciona al propio haiku, cuando –dejándonos guiar por nuestros propios juicios o prejuicios de belleza– le evitamos la lectura de haikus crueles, feístas, extraños o sencillamente de comprensión compleja para nosotros mismos como traductores. Y, por descontado, los haikus que nos parecen malos.

Los japoneses evitan emitir juicios contundentes respecto a todo; su forma de concebir el mundo no exige un continuo posicionamiento de cada persona ante cualquier cuestión. Y si lo hacen es de un modo tan sutil y silente que apenas es comprendido por todo aquel que no se mueva en sus claves. Así, en las antologías japonesas de haiku no se excluyen ni se califican de "malos" haikus que en realidad son bastante lamentables. La ambigüedad a la hora de expresarse y el respeto a los posicionamientos más contrapuestos son típicos del modo de comunicarse de los japoneses. Gracias a lo cual todo tipo de tópicos y estereotipos sobre el haiku pueden seguir sobreviviendo durante años fuera y dentro de Japón entre los extranjeros, porque los japoneses no solo no los refutan, sino que los dejan fluir a sus anchas o hasta pueden llegar a alentarlos llegada la ocasión; tan poco es el margen que *a priori* nos conceden a los extranjeros de llegar a comprender su cultura que no se molestan en corregir nuestros errores. Aunque eso depende de ti, de que dejes de comportarte como un *gaijin* (extranjero) y hagas un silencio en tu interior que reverbere en ellos y les fuerce a expresar, con palabras o sin ellas, aquello que ansías saber.

Los japoneses incluyen en sus antologías haikus que consideran malos y lo hacen sin juzgarlos. Nosotros –justo al contrario– sí los juzgamos y, por eso, los excluimos de nuestras antologías. Preferimos pasar sobre ellos como de puntillas, horrorizados, y no traducir por ejemplo:

あるときの心のむごく毛虫やく
Aru toki no kokoro no mugoku kemushi yaku
SUZUKI MASAJO

Por aquel entonces
yo no tenía compasión:
quemé una oruga peluda

Y, sin embargo, nos sentimos felices de poder publicar:

見えぬもの見え深沈と夜半の夏
Mienu mono mie shinchin to yowa no natsu
FÛSEI

Sumidos en el más hondo silencio
de la noche de verano
puede verse lo invisible

Si se trata de enamorar al gran público con el haiku sabemos perfectamente qué poemas deben ser difundidos y cuáles ocultados. Con facilidad, los traductores nos dejamos seducir por la tentación del haiku bello, el haiku profundo, y publicamos gustosamente ese que dice:

生死の中の雪ふりしきる
Shôji no naka no yuki furishikiru
SANTÔKA

Dentro de la vida y la muerte
la nieve cae incesantemente

sintiéndonos en la obligación de dejar pasar y no traducir, por ejemplo:

すさまじや女の眼鏡としのくれ
Susamaji ya onna no megane toshi no kure
SHINTÔKU

¡Qué espanto!
Acabando el año
una mujer con gafas…

Porque no queremos confundir al lector, y eso está bien; no queremos que se propague en castellano un haiku sin corazón, y eso también está bien; y deseamos que la belleza de este género se expanda con rapidez por los cuatro puntos cardinales; y todo ello está bien, porque es prueba de que amamos el haiku. Pero ¿a qué precio? ¿Cuánto del verdadero haiku japonés debe ser ignorado para que podamos seguir amándolo? Un excesivo paternalismo nos lleva a amputar del universo del *haijin* una infinidad de haikus, y a resultas de ello el lector acaba concibiendo una imagen desenfocada en este género.

La degeneración del haiku

Los japoneses usan las equivocaciones para conocer el camino que han de seguir. También en materia de haiku. Pero una cosa es invitar al occidental a escribir sin complejos y otra permitirle que se invente el haiku. Si realmente deseamos que el haiku prenda en nuestro idioma como género propio, hay que enseñar al lector hispano a sentirlo según lo que provoca en la sensibilidad japonesa, porque el haiku es una de las artes japonesas y hay que enmarcarlo en su cultura para comprenderlo. Ignorando que el haiku es una forma concreta de ubicarse en la realidad y comunicarla con palabras, nos lo estamos inventando. Tenemos que ser conscientes de que su éxito se debe a claves internas que han de ser asumidas antes de pretender que lo que nosotros estemos escribiendo sean haikus. O, de lo contrario, caeremos en el "síndrome Benedetti", esa enfermedad de los poetas occidentales que una vez que han llegado a cierta reputación en su mundo tratan de escribir haikus sin el menor conocimiento previo y, a resultas, vomitan poemas breves a los que llaman "haiku" del estilo de:

Cuando muera
no se olviden de enterrarme
con mi bolígrafo

Una cosa es que nos salga un haiku malo y otra cosa es faltarle el respeto a la civilización que concibió este género. Antes de leer lo que publicó Benedetti en su *Rincón de haikus*, yo creía que un occidental nunca sería capaz de prostituir tanto un género del que está tomando al menos el nombre. A nadie –ni famoso escritor ni hombre corriente– se le exige en Occidente que escriba haikus. Si no sabemos lo que es el haiku, ¿por qué llamar "haiku" a lo que escribimos? ¿Porque sean poesías breves? Si solo es por esa razón, podemos llamarlos "poemas cortos", "greguerías", "seguirillas", "ocurrencias líricas"... Claro que, tal vez, con esos nombres venderíamos menos libros. La mera palabra "haiku" fascina y abre mercados. La mejor traductora de poesía china en castellano –Anne Helène Suarez– se me quejaba amargamente en cierta ocasión diciéndome que estaba cansada de tratar de publicar antologías de *jueju* (cuarteta china) y ver cómo los editores eran remisos hasta que ella no usaba la fórmula mágica: «El *jueju* es el "haiku" chino». Tal es el prestigio de lo japonés en general y del haiku en particular.

Pero este prestigio nos exige una cortesía, un respeto, que nos evite caer en fangales poéticos del estilo de:

Me encontré frente a un muro
y en el muro un letrero:
«Aquí empieza tu futuro»

Escrito por Octavio Paz, premio Nobel de Literatura. Por su parte, Bioy Casares, importante novelista argentino, en uno de sus libros llama "haiku" a algo así:

Noches de Rosario,
tu asfalto oriné
con fervor literario

¿Es esto un haiku? No habla de Naturaleza. No se ubica en ninguna de las estaciones. Usa palabras complicadas ("fervor", "orinar", "literario", "asfalto"). Tiene rima. Es superficial, trata de resultar gracioso. Es de mal gusto sin ser transgresor. En fin, es un poema que no es un haiku.

Bioy Casares nos lleva mentalmente a Borges. A diferencia de los de Benedetti o los de otros, no son ofensivos para la sensibilidad nipona. Los haikus de Borges son, sencillamente, Borges en 5-7-5. Borges, con sus mismos objetos de interés y sus mismas obsesiones. No se ha dado el milagro de que el metro 5-7-5 haga desaparecer a Borges y nos muestre la Naturaleza como objeto de su arrebato:

¿Es o no es
el sueño que olvidé
antes del alba?

Una de las funciones del haiku es transformarnos, abandonar nuestros laberintos mentales y oxigenar nuestro mundo interior, por fascinante que sea, y desde luego que el de Borges lo era. Pero el haiku nos libera de nosotros mismos y nos hace conocer algo infinitamente maravilloso, a lo que teníamos acceso inmediato: el mundo, la existencia, la vida tal cual es.

¿Cómo se ha llegado a que el haiku fuera de las fronteras niponas produzca tales engendros? La respuesta es compleja y en ella hay que considerar muchos factores: la superficialidad con que se ponen de moda las culturas, la dificultad, y a veces el desinterés, de explicarse de los japoneses, el escaso número de niponólogos, la incapacidad de escucha de la mayoría de los occidentales que van a Japón, los intereses en juego que existen para que Japón siga siendo un enigma, la ausencia de maestros –japoneses o no– que hayan seguido un camino espiritual a partir de alguna de las disciplinas japonesas, etcétera. Casi todas son razones que hay que lamentar. Y una razón más. La suerte del haiku fuera de Japón también tiene relación con el poeta que ha sido elegido como modelo de *haijin*. Issa ha sido el poeta japonés que más ha gustado fuera de Japón, pero Issa es precisamente *el menos japonés* de todos los *haijin*. Actualmente sabemos que su obra es un repertorio completo de todos los errores que son posibles en el haiku, porque Issa no tuvo maestro alguno de haiku. Aciertos también los tuvo, porque Issa era un genio. Así que, en Japón, sus aciertos y sus errores se saben equilibrar y valorar en la justa medida. Issa fue un ser humano destrozado por la vida, un vagabundo desencantado con una realidad que le arrebató cruelmente a su mujer y a sus cuatro hijos, y obligado a proyectar su dolor sobre el mundo para que el mundo lo ayudase a soportarlo. No hay forma de meter en cintura a Issa fuera de su universo cultural. Una cultura como la japonesa es capaz de asumir a un hombre así, extravagante como poeta de haiku, pero tan sensible que hace reflexionar a toda una cultura de disimulo de las emociones. Lo que no es aceptable es hacer de la obra de Issa el modelo del haiku que debe implantarse fuera de Japón. La imitación de Issa ha dado pie en Occidente a un aluvión de abortos de haikus. El desastre que ha causado el haiku de un Issa sin explicar –no por su culpa, desde luego– en la comprensión occidental del haiku es sencillamente irreparable. Los occidentales han acabado seducidos por las maneras del *haijin* que se expresa más a sus anchas desde el yo, ignorando las circunstancias de brutal desprendimiento en que Issa –como luego Santôka– escribía sus haikus.

Por otra parte, todos aquellos que directa o indirectamente se han formado con Suzuki Daisetsu Teitaro, las gentes influidas por el Zen, han tratado de contrarrestar la influencia del haiku personal y caprichoso de Issa con un tipo de haiku rotundo y trascendente al estilo de Bashô. Así, en Occidente, se ha basculado desde la subjetividad incontrolada de Issa a la fría solemnidad de Bashô, dado que la conciencia occidental está bien acostumbrada a ir de un polo a otro, del desenfreno a la penitencia, y sabe jugar con esta alternancia. En materia de haiku hay que ir buscando el justo medio –la modestia de Buson– que, sin embargo, pasa completamente desapercibido fuera de Japón. Es complicado implantar sin más en lugares remotos una herencia cultural, un autor, un estilo, un género. Pero si se quiere hacer florecer el haiku fuera de la cultura que le da origen, el modelo debe ser Buson, porque su obra carece de la menor pretensión. El océano del haiku japonés siempre pudo y supo compensar los excesos que las fuertes personalidades –como Bashô o Issa– vertían en él. Sin este control que la cultura nipona ejerce sobre cada *haijin*, Borges se convierte en un Bashô obsesivo, y, Benedetti, en un Issa lobotomizado.

Algunos –sobre todo los poetas de haiku argentinos que hasta el día de hoy no han conocido un solo maestro que les enseñe el haiku tal como es de verdad– se defienden y dicen que todo esto que propugnamos es un "purismo", y que el haiku que se hace fuera de las fronteras de Japón no tiene que ser una ciega imitación del haiku japonés. Yo estaría de acuerdo, siempre que pueda seguírsele llamando "haiku". Si no es así, habrá que encontrarle otro nombre y ver a dónde nos conduce; podremos cultivar ese nuevo género cuanto nos parezca y tratar de engrandecerlo haciendo que llegue a ser tan popular como el haiku. Lo que no debemos hacer es servirnos de la popularidad de un género ya creado para hacer de él lo que nos dicte nuestro capricho.

El haiku es una de las artes japonesas

En consecuencia, lo primero es saber qué es el haiku, qué ha sido hasta ahora el haiku en Japón; y aseguro por propia experiencia que no es tarea fácil. Lo segundo, igual que ocurre en Japón, es hacer tuyo el haiku; que el que escribas no sea un haiku de manual, sino "tu" haiku. Esta ha sido siempre la manera natural de evolución del haiku, también en Japón, una realidad cultural en la que te tienes que sumergir hasta el fondo para, una vez dentro de ella, añadirle eso que tú eres, esa novedad que supones como individuo.

Los experimentos atolondrados con nombre de "haiku" no han acabado funcionando y van a seguir sin funcionar en el futuro. El del haiku es un mundo pragmático: en él podemos en seguida detectar "lo que funciona" y "lo que no funciona". Escribir haikus en castellano precisa un aprendizaje largo para que el resultado final "funcione", ya veremos para qué. Mucho tiempo y mucha humildad. La humildad sirve para sobrellevar el tiempo que pasamos tratando de escribirlo bien sin conseguirlo. No es necesario atiborrarse de conceptos y lecturas previas antes de escribir una línea. Podemos empezar a escribir borradores de haikus desde el principio; escribir y tirar a la basura, escribir y tirar a la basura: este es el camino. Es difícil que nuestros primeros balbuceos de haiku tengan un auténtico valor hasta que concluya un proceso de años que haga posible una radical transformación de nosotros mismos. El haiku es un proceso que debe darse en ti. No es un aprendizaje intelectual; es un entrenamiento en la percepción.

Sin un maestro puede hacerse perfectamente, si eres un hombre o una mujer muy sensible, pero *no* sin un conocimiento íntimo de la cultura japonesa, como no se puede llegar a ser un especialista en *ikebana* o en *aikido*. Los japoneses nos han enseñado cómo transformarnos –cómo crecer espiritualmente– cuando tratamos de expresar con palabras lo que sucede en la Naturaleza. La fórmula es de ellos y, si queremos conocer sus secretos, hay que pedirles esos secretos con delicadeza y sin prisas.

Recordamos ahora ese apólogo japonés que nos sitúa en el instante cero del aprendizaje. Es un diálogo entre un Maestro del Arte del sable y un discípulo que quiere iniciarse en él:

> –¿Cuántos años me costará llegar a ser maestro si trabajo duro? –preguntó el aprendiz al gran maestro Banzo.
>
> –El resto de tu vida –respondió Banzo.
>
> –No puedo esperar tanto tiempo. Estoy dispuesto a todo para seguir su enseñanza. ¿Cuánto tiempo me llevará si trabajo como servidor suyo en cuerpo y alma?
>
> –¡Oh, tal vez diez años!
>
> –Pero Vd. sabe que mi padre se está haciendo viejo y pronto tendré que cuidar de él... ¿Cuántos años me llevaría si trabajara intensamente?
>
> –¡Entonces, quizá treinta años!
>
> –¡Vd. se burla de mí! Antes diez, ahora treinta años... Créame: haré todo lo que haga falta para dominar este arte en el menor tiempo posible.
>
> –Bien, en ese caso te tendrás que quedar setenta años conmigo: un hombre que quiere obtener resultados tan deprisa no avanza rápidamente –explicó el Maestro Banzo.

La esencia del haiku es el *haimi*

¿Cuál será la esencia del haiku? Enseguida nos damos cuenta de que no debe ser la estrofa 5-7-5, y eso por varias razones. La primera es que hay otras formas poéticas japonesas que tienen este mismo metro: el *senryû* (川柳) y el *zappai* (雑俳). La segunda razón es que ni siquiera hablando de haikus de factura clásica es obligatoria la estrofa de 5-7-5, sino cualquier suma de tres versos o de dos versos que dé lugar a 17 sílabas (o incluso un solo verso de 17 sílabas). Puede afirmarse que menos de un 50% de haikus clásicos están escritos en la forma 5-7-5. Además existe desde el mismo Bashô "el metro roto" (*hachô*), esto es, un haiku que tiene más de 17 sílabas... Un ejemplo entre mil, de Bashô, con un metro 3-5-12:

芭蕉野分して盥に雨をきく夜かな
BASHÔ

Bashô
nowaki shite
tarai ni ame o kiku yo kana

El bananero,
descargando la tormenta...
¡Escuchar en la noche la lluvia en el barreño!

Además, el haiku de metro libre (*jiyûritsu haiku*) se ha liberado por completo de las 17 sílabas y encontramos ejemplos desde 9 sílabas hasta 23. Por ejemplo:

咳をしても一人
Seki o shite mo hitori
HÔSAI

Incluso tosiendo,
estoy solo

うれしいたよりもかなしいたよりも春の雪ふる
Ureshii tayori mo kanashii tayori mo haru no yuki furu
SANTÔKA

Ya sea con noticias felices
o con tristes noticias,
la nieve de primavera.

En cualquier caso, tenga la estrofa que tenga, lo que sí parece ser una condición del haiku es su brevedad. Excediendo de un número de sílabas –digamos 23 o 24– ya no sería posible de ninguna forma defenderlo como haiku. El haiku es una impresión comunicada de un modo fulminante, y ello exige concisión. A veces, se le añade una *kotobagaki* (詞書), una breve explicación previa. Por ejemplo, el haiku que sigue tiene unas anotaciones de Bashô en las que dice: «Navegamos en un bote en Karasaki, Shiga, y la gente habló de la despedida de la primavera»:

行春を近江の人とおしみけり
Yuku haru o Ômi no hito to oshimikeri
BASHÔ

Lamentando
la marcha de la primavera
junto a la gente de Ômi

Estas *kotobagaki* añaden contexto, pero no son necesarias al haiku. Con las sílabas que hayamos estimado que le correspondan, el haiku debe bastarse y sobrarse. Otras veces su sentido se ve enriquecido –o recortado, según valoremos la ambigüedad– cuando va inserto en un *haibun* (俳文), en un texto que los contiene, como un diario de viajes por ejemplo, o ilustrado por una acuarela o pintura llamada *haiga* (俳画).

Así pues, el haiku es una poesía breve... ¿que habla de qué? Seguimos investigando, y nos dicen los japoneses que otra condición esencial del haiku es la palabra estacional, la que nos dice en qué momento del año estamos: el *kigo* (季語). Y, es cierto que es muy importante, porque sin expresar el momento del año cuando el asombro sucede, la escena queda abstracta y eso no ayuda al lector a ubicarse en el lugar donde sucedió el asombro. El haiku es una transmisión de algo que ocurre en un tiempo y en un lugar. Pero lo cierto es que, de hecho, existen los *mu-kigo haiku* (無季語). Las clasificaciones japonesas del haiku dividen los haikus en primavera, verano, otoño, invierno, principio de año y *mu-kigo*, es decir, haikus en los que no hay referencia a la estación del año. Y sin embargo son haikus. ¿Por qué son haiku si no tienen *kigo* y puede ser que ni siquiera tengan 17 sílabas? Son haikus porque tienen el *ritmo interior* (*nai-in ritsu*) del haiku y –sobre todo– porque *saben a haiku*, porque tienen *haimi*. El *haimi* es la esencia del haiku.

En este libro nos comprometemos a compartir el saboreo de un buen número de haikus –buenos, malos y regulares–, incluso de algún poema breve japonés que pueda confundirse con un haiku y no lo sea, todo para llegar a desarrollar nuestro paladar poético. Nuestro objetivo es que lleguemos a conmovernos con un haiku perfecto y contenido como, por ejemplo:

大門のおもき扉や春の暮
Ômon no omoki tobira ya haru no kure
BUSON

Pesada puerta
de la entrada principal–
Atardecer de primavera

El haiku es una tradición viva, que produce más de un millón de nuevos haikus más que notables al año y que exige de nosotros que accedamos cuanto antes a ellos para contribuir a enriquecer nuestro patrimonio cultural como seres humanos. Si de lo que se trata es de emocionarse con absolutamente todo y hacérselo sentir a los demás, el mérito de un haiku reside en saber apreciar la belleza de lo que a otros les pasa desapercibido y contársela de modo que aprendan a sentir más. Lo que a cualquiera emociona es fácil de contar. Lo difícil es percibir y transmitir lo que solo a ti te ha emocionado. El buen paladar de haiku es el que lo logra.

Barcelona, 31 de mayo de 2012

PARTE I:

Condiciones elementales del haiku

1. El primer requisito de un haiku es la inocencia

El haiku debe ser sencillo; esta es su primera condición. La sencillez le es tan esencial como la brevedad de su forma métrica. El haiku *es una impresión fácil de comunicar por medio de unas palabras fáciles de comprender*. Un haiku no es un hermético arcano; no es un enigma dentro de un enigma. Deberíamos presentarnos ante cada nuevo haiku como los más simples de los lectores que haya tenido ese haiku, pero con el orgullo de que así –carentes de recursos intelectuales o de formación– somos la medida exacta del haiku. Un haiku que no sea sencillo es una pura exhibición, un alarde del "yo" del poeta que opaca la realidad que tiene la obligación de trasparentar. El haiku es patrimonio de los corazones descomplicados. Solo los verdaderos poetas y los niños –únicamente los que sienten en carne viva– son capaces de ver el mundo; los demás estamos desahuciados. El mundo nos niega su seno. Parece que estamos, pero no estamos. Porque "estar" es una meta final, un proyecto, no un punto de partida, como hasta ahora habíamos creído.

ありたちがくさにのぼってすぐおりる
Aritachi ga kusa ni nobotte sugu oriru
KATAOKA YUMIKO

Las hormigas
suben por una hoja de hierba…
y en seguida bajan

Hemos querido comenzar esta antología con un haiku escrito por una niña de seis años. Un haiku que carece de todo artificio literario. Es posible que nadie antes que ella hubiera dejado por escrito el hecho milagroso de que unas hormigas suban en fila por una hierba y que, cuando llegan a la punta, desciendan enseguida por el otro lado. Quizá hay que tener seis años para hacer un haiku sobre este aspecto trascendental de la existencia: desde hace miles de años las hormigas suben y bajan las hojas de hierba. Y es una suerte para nosotros poder darnos cuenta de ello. Se nos ha dado la oportunidad de habitar, no lo olvidemos, en un mundo concebido para nuestra continua fascinación; tenemos la posibilidad de habitar en el más perfecto de los mundos.

Nuestro modelo de inocencia será cualquier niño pequeño. Porque

口あいて落花眺むる子は仏
Kuchi aite rakka nagamuru ko wa hotoke
KUBUTSU

Abriendo la boca
y contemplando las flores que caen,
un niño es un Buda

2. Para escribir un buen haiku no hay que pretender escribirlo

Para escribir un buen haiku, la primera condición es no pretender hacerlo. Escribir haikus no pertenece al oficio literario, sino a la cortesía debida hacia el mundo. Y esa cortesía exige ausencia de intención literaria. El poeta recibe un impacto por parte de la realidad y vibra bajo su efecto; durante esa vibración se concibe un haiku. No es el poeta el que escribe el haiku. Es el mundo el que escribe. Un poeta con talento literario, a veces, puede olvidarse de que un *haijin* no es un experto en el uso de las palabras, sino un individuo particularmente sensible al mundo. Cuando es el poeta el que pretende escribir el haiku, así tenga el talento de Kyoshi –tal vez el séptimo u octavo mejor *haijin* de Japón–, fracasa:

蝶々のもの食ふ音の静かさよ
Chôchô no mono kû oto no shizukasa yo
KYOSHI

El sonido que hace la mariposa
comiéndose las cosas…
¡Es el puro silencio!

Si queremos expresarnos en haiku, hablaremos sobre lo que nos rodea solo cuando no tengamos un interés personal por hacerlo; cuando seamos obligados a ello por *lo que quiera que sea* que nos compela por dentro a hacerlo. El haiku no procede de un talento especial, sino de una obligación moral que tenemos en relación con la existencia que nos sostiene. En el momento en que el *haijin* demuestra ser más sensible que nadie, ha matado su haiku:

鶯や百人ながら気がつかず
Uguisu ya hyakunin nagara ki ga tsukazu
RYÔKAN

El ruiseñor –
De cien personas
ninguno se da cuenta

En ese sentido, la iniciación en el haiku puede resultar decepcionante para algunos. Porque van a notar cómo paulatinamente sustituyen el sabor edulcorado de las cosas, que es a lo que en principio estamos acostumbrados, por el auténtico sabor del mundo: mariposa, barro, ruido, silencio... No estamos acostumbrados al sabor de las cosas; lo que paladeamos del mundo es lo que nosotros mismos le añadimos para poder asimilarlo. Probar el mundo de verdad exige unas dosis incalculables de falta de pretensión, y nos obliga a una reestructuración radical de lo que somos en clave de modestia. Sin estas condiciones no hay haiku. Después de habernos entrenado en el haiku, a nosotros la realidad –lo que hay ahí afuera y sucede– nos produce un respeto tal que nos obliga a postrarnos ante ello.

3. Un haiku no es un poema breve

Un haiku no es un poema breve. No se admite nada que disfrace lo que está ocurriendo con toda su desnudez ante los ojos del autor. Si las palabras que se usan en el haiku no son sencillas, dejará de apuntar a la cosa misma que quiere mostrar y el propio autor se constituirá en el objeto disimulado de su poema. El mundo desaparece y solo vemos la capacidad de producir belleza literaria de quien lo describió. El haiku no debe hablarnos de su autor, sino del mundo. El autor tiene que desaparecer. Por eso hemos dicho innumerables veces que –aunque no nos quede otra opción que tratarlo como parte de la Historia de la Literatura– el haiku no es "literatura"; que el haiku es parte de un adiestramiento espiritual. Se trata de desaparecer voluntariamente en un universo que es pura maravilla. Un universo que, hasta que nos armonizamos con él, tolera como puede nuestras pretensiones de ser y de tener. Si lo que nos emociona del mundo no está expresado con claridad, nuestro haiku no nos lleva adonde debe, sino a otro lugar. Como en el caso de:

星既に秋の眼をひらきけり
Hoshi sude ni aki no manako o hirakikeri
Kôyô

Las estrellas súbitamente
abrieron sus ojos
de otoño

Nos parezca bello o no lo que aquí nos ha dicho el poeta, no es haiku, porque no sabemos a ciencia cierta qué son los ojos de otoño de las estrellas. Y no queremos que el poeta nos lo explique. Un poema japonés que tenga 17 sílabas puede ser magnífico y no ser haiku. Podríamos salvarlo para el universo del haiku con otras cesuras métricas –ya que las cesuras las pone el traductor–, pero solo conseguiríamos que dejara de ser un buen poema para convertirse en un mal haiku.

Es muy fácil –tal vez demasiado– convertir un haiku en un poema:

流れ行く泡に夢見る蜻蛉かな
Nagare-yuku awa ni yume miru tonbô kana
SENKEI

Van fluyendo
los sueños de las libélulas
en las burbujas del agua

Por jugar a crear belleza con las palabras acabamos no *viendo* a las libélulas volando por entre las burbujas del agua, sino que nos quedamos *pensando* cómo serán los sueños de las libélulas. Hubo un momento en el que algo nos emocionó, tratamos de expresarlo con toda la fuerza con que se produjo... y el amor por la belleza de las palabras nos traiciona:

犬来る両眼に黒い海揺らし
Inu kuru ryôme ni kuroi umi yurashi
SEKKAKU SAKÔ

Viene un perro...
En sus ojos se agita
un negro océano

4. Pero ¿qué pasa si un suceso se cuenta con belleza literaria?

Nos queda claro que un haiku no aspira a la belleza literaria, no pretende crear un lenguaje que nos fascine por sí mismo, sino que trata de transmitir con fidelidad una emoción sentida en la Naturaleza. Al sentir una conmoción profunda por algo que sucedió ante nosotros, un *aware*, el poeta se queda paladeando el momento para llegar a aislar los componentes últimos en que se está sosteniendo su *haimi*. Eso, por una parte. Pero, por otra parte, es cierto que a veces hemos visto auténticos haikus que tenían un tono literario tan innegable como excelente, y no hemos podido objetar nada:

月の雪あをあを闇をそめにけり
Tsuki no yuki ao-ao yami o some ni keri
BÔSHA

La Luna tiñó
la nieve
de azul oscuridad

川ばかり闇はながれて蛍かな
Kawa bakari yami wa nagarete hotaru kana
CHIYO-NI

Simplemente un río:
oscuridad que fluye
entre luciérnagas

蜻蛉の舞ふや入日の一世界
Tonbô no mau ya iri-hi no issekai
YORIGIKU

La red que teje el vuelo
de las libélulas en el mundo
del Sol poniente

Así pues, la consulta acerca de la legitimidad de este tipo de haikus –que son al tiempo eficaces transmitiendo el *aware* y hermosos desde una apreciación literaria– debería trasladarse a los que tienen la última palabra: los japoneses. ¿Son esta clase de haikus excepciones permisibles? ¿O son, incluso, el modelo perfecto que hemos de imitar?

Después de una amplia consulta, mi conclusión es la siguiente. El objetivo del haiku es doble. Por una parte, reflejar lo más fielmente ese instante en el que algo logró conmovernos hasta la entraña; en la certeza de que ese algo se nos ha mostrado para que se lo contáramos a los demás y lográramos que también ellos participasen de la misma emoción. Pero, por otra parte, en el proceso en que tratamos de eliminar todos los elementos artificiales y prescindibles de nuestra expresión verbal del asombro, de lo que vamos depurándonos es de nosotros mismos. Es decir, tratando de contar el *aware* de que hemos sido objeto vamos asombrosamente aniquilando nuestro "yo" y ayudando a que el lector aniquile el suyo. El haiku debe ser una apreciación clara contada con sencillez para que no te creas especial como su autor y para que el que lo lee no se crea tampoco especial como lector. Mientras menos pongas de ti en tu haiku –y la expresión literaria es algo muy tuyo– mejor se cumplirá el segundo de los objetivos del haiku.

Por tanto, contestando a la pregunta que encabeza el epígrafe, si un haiku de los cientos o miles que puedes llegar a escribir te sale así, déjalo estar; consérvalo junto a los demás y no te obsesiones por cambiarlo. Pero ni lo busques ni lo exhibas, porque puede llegar a ser una trampa en tu Vía y acabar haciendo de ti un divo o una diva del haiku.

5. Si no hay suceso, no hay haiku

El haiku no debe ni puede idearse en los soliloquios de nuestra mente. La distancia respecto del mundo engendra una quimera. Si el haiku no le ha ocurrido al poeta, no hay haiku. El haiku es el suceso mismo cuando toma forma de palabra humana. Si no ha habido suceso, las palabras están vacías; no saben transmitir nada. Los labios que no han sido besados no saben besar. La distancia es frialdad y la frialdad es mentira: el mundo está hirviendo, y por eso está en continuo movimiento y en continuo cambio. Y nosotros estamos aquí, sintiendo en nuestro haiku la temperatura del mundo y tratando de transmitirla a los que nos leen:

ひまわりをとってしかられて花をみる
Himawari o totte shikararete hana o miru
KOIZUMI TOSHIHARU

Mientras me riñen
por haber cogido el girasol,
miro la flor

El ejemplo que antecede –huelga la explicación– es de nuevo un haiku escrito por un niño (esta vez de siete años). Es un haiku rico en matices; contiene ese fuego cruzado de sentimientos que es ser niño: quizá el pequeño poeta está apesadumbrado porque le están riñendo, y al mismo tiempo mira la flor como el que se ha salido con la suya; o quizá el encanto de la flor lo absorba mientras él no está escuchando absolutamente nada de lo que le dice el adulto que lo riñe, como si la belleza de la flor le protegiera de las palabras de los adultos que dicen cómo deben ser las cosas, cuando en realidad las cosas deben ser como digan los niños que sean, y las flores cuando son bellas –y solo entonces– pueden ser arrancadas sin más. Lo cierto es que este haiku rezuma frescura y presente. Todo lo contrario que el célebre:

身にしむや亡妻の櫛を閨に踏
Mi ni shimu ya naki tsuma no kushi o neya ni fumu
BUSON

Penetra hasta dentro –
Pisar en la habitación el peine
de mi esposa muerta

Sabemos que cuando Buson escribió este haiku su esposa no estaba muerta. Es la imaginación la que le hace sentir algo a partir de un hecho de la vida real. Pero nuestras imaginaciones y nuestro bagaje cultural deben quedar al margen cuando nos hallamos ante el haiku. Desnudos de saber tratamos de contar nuestro asombro. ¿Esto quiere decir que nunca se ha escrito un haiku, por ejemplo, sobre algo leído? "Nunca" es una palabra que no encaja con la lógica de vida japonesa. En Japón, evolucionar quiere decir experimentar. Recuerdo, por ejemplo, tres o cuatro casos de haikus de Buson en los que se nos cuenta una escena del *Heike Monogatari*, como esa de un *samurai* que:

ぬけがけの浅瀬わたるや夏の月
Nukegake no asase wataru ya natsu no tsuki
BUSON

Toma la delantera
y pasa el río por el vado
con Luna de verano

Efectivamente, en los orígenes del haiku clásico –incluso en Bashô y Buson– todavía encontramos "guiños literarios" (本歌取り), alusiones veladas y no tan veladas a poemas clásicos anteriores, aunque la tendencia es la de desterrarlos por completo del haiku. El consenso de la sensibilidad japonesa ha acabado por dejarlos de lado entendiendo que desvirtúan el haiku. En un género tan directo como el haiku, con el tiempo pasaron de ser una muestra de elegancia a simple pedantería.

Pero cuidado con el exceso de narratividad, que también es un defecto del haiku, cuidado con transformar un haiku en una película a cámara rápida:

流螢の自力で水を離れ飛ぶ
Ryûkei no jiriki de mizu o hanare tobu

Una luciérnaga flotando
con sus propias fuerzas
sale del agua y vuela

El exceso de narratividad –con final feliz como en este caso o sin él– es uno de los clásicos defectos del haiku de los que ya creen haber superado los defectos del haiku.

6. Un haiku puede responder a un hecho de nuestro pasado

Un haiku no puede ser imaginado o ser el resultado de nuestras lecturas, sino que tiene que responder a algo que hayamos vivido. Pero la construcción del haiku que se deriva de la emoción que nos ha sobrecogido (el *aware*) puede esperar. Es lícito dejar alguna clase de apunte de lo que allí sucedió y seguir trabajando durante meses –y aun años– un haiku que plasme ese instante. Incluso es lícito recordar un *aware* que tuvimos en algún momento significativo de nuestro pasado, antes de que supiéramos que existía el haiku, y tratar de reconstruir sus elementos a día de hoy en un haiku. Bashô, por ejemplo, escribió en junio de 1694:

清滝や波に塵なき夏の月
Kiyotaki ya nami ni chiri naki natsu no tsuki
BASHÔ

Kiyotaki –
No hay suciedad en sus olas
La Luna de verano

y

大井川波に塵なき夏の月
Ôi-gawa nami ni chiri naki natsu no tsuki
BASHÔ

Río Ôi –
No hay suciedad en sus olas.
La Luna de verano

Pero le daba vueltas y le hacía sufrir el hecho de que ambos haikus repitieran un verso, así que el 9 de septiembre de 1694, a punto de morir, llamó a Kyorai y le dijo que cambiase el primero de ellos en:

清瀧や浪にちりこむ青松葉
Kiyotaki ya nami ni chiri-komu aomatsuba
BASHÔ

Kiyotaki –
Caen al revoltijo de las olas
las verdes acículas

7. Sentir la perfección del instante presente

Aunque no es lo habitual, hemos dicho que un hecho que nos provocó un *aware* puede trabajarse algún tiempo más tarde. Porque, en todo caso, el haiku que hagamos se refiere siempre al *aquí-ahora* en el que sucedió algo. La mente japonesa está especialmente capacitada para sentir como un todo las miríadas de impresiones sueltas que se dan alrededor de nosotros. Esta percepción global –a nivel consciente e inconsciente– llega a ser un rasgo propio de la naturaleza propia del japonés, a diferencia del occidental que se concentra mucho en un punto concreto y abandona el resto de su entorno como si no estuviera sucediendo. La "mente difusa" del japonés y la "mente concentrada" del occidental distan entre sí tanto como quepa imaginarse, y son el fruto de dos culturas muy diferentes: la cultura del "estar" y la del "conseguir".

Pues bien, imaginemos una situación en la que todo ese exterior que rodea al poeta fuera "perfecto". Por supuesto, siempre lo es; pero esta vez es perfecto desde el punto de vista de los gustos concretos de quien así lo califica. Y asistimos al momento en que el poeta japonés abandona su herencia continental de taoísmo, según la cual las cosas son siempre perfectas tal como son, y su herencia de budismo, por la cual las cosas son siempre imperfectas tal como son, y surge dentro de él un capricho. Un capricho que no permiten ni las filosofías ni las religiones. «Quiero que el mundo se detenga. Quiero que sea siempre como es ahora»:

一花だに散らざる今の時止まれ
Hito hana dani chirazaru ima no toki tomare
HAYASHI SHÔ

Ahora que no cae ni un pétalo,
justamente ahora,
oh tiempo, detente

Sin duda, el poeta formula este deseo porque ya, de hecho, ha sentido que el tiempo se ha detenido para él, que el mundo ha cristalizado con la forma de lo perfecto, y quiere que siga así. En cualquier otra cultura, afirmar que el tiempo se te ha detenido es el resultado de una fuerte experiencia mística; en Japón, es solo un capricho de poeta.

Para comprender bien este haiku, hay que hacer notar que, en japonés, el imperativo es una forma verbal que se trata de usar lo menos posible, y menos en poesía. Incluso en situaciones límite, los japoneses acuden al ruego en lugar de al imperativo. Pero en este caso, el poeta es como si hubiera hecho acopio de toda su fuerza interior y su osadía para ser capaz de dar una orden absurda a la existencia, con la intuición de que todo está ahora dispuesto para una perfecta gestación de algo, como el alineamiento de los planetas, o esa conjunción de todo con todo que preanuncia el nacimiento de una realidad completamente nueva sobre la superficie terrestre.

Lo mismo le ocurrió a este otro *haijin*:

武蔵野は今日はな明けそ秋の月
Musashino wa kyô wa na akeso aki no tsuki
SHIGETOMO

Llanura de Musashi…
¡Que no amanezca hoy!
La Luna de otoño.

El haiku siempre narra lo que ocurre *ahora mismo* y, en ocasiones, el *haijin* se emborracha hasta tal punto de *ahora mismo* que expresa su deseo de que no deje de ser todo tal como está siendo en ese instante. Aunque es solo un loco deseo de ser humano o un cuerdo deseo de místico que, si se expresa, destruye el haiku mismo que trataba de escribirse. Lo que sí está permitido y, si no se abusa de dicho recurso, resulta muy expresivo, es que el asombro que el haiku muestra –de puro presente que es– quede inconcluso:

秋風の腹立てているかまきりで
Akikaze no hara tatete iru kamakiri de
SANTÔKA

El viento de otoño,
una mantis que está irritada
y que…

No acaba. Porque no tiene que acabar para haber contado lo que al poeta le está asombrando en presente: el viento de otoño y una mantis irritada (literalmente: «con el *hara* levantado»). Lo que luego hizo o dejó de hacer la mantis ya no forma parte de este haiku. La espera del poeta de que algo más pasara para incluirla en su haiku, sin embargo, sí tiene su sitio en él.

El asombro por lo que sucede en el puro presente puede, por tanto, no acabar en el haiku. O puede no empezar en él. Como por ejemplo en:

あるひは乞ふことをやめ山を観てゐる
Aruiwa kou koto o yame yama o mite iru
SANTÔKA

... O bien debo de mendigar
y miro las montañas

donde claramente se hace referencia a algo que se estaba contando antes del haiku.

«Haiku es simplemente lo que está sucediendo en este lugar, en este momento», decía Bashô.[1] Si eso es verdad, también puede decirse en forma de haiku:

われいまここに海の青さのかぎりなし
Ware ima koko ni umi no aosa no kagiri nashi
SANTÔKA

Yo, ahora, aquí.
El azul del océano
sin límites

Véanse las tres palabras con las que Santôka ha querido encabezar su asombro: yo (*ware*), ahora (*ima*), aquí (*koko ni*). Ese "yo" no es el *ego* que pretende posesionarse de todo, sino el conjunto de nervios, músculos, carne y huesos que actúan como un receptor unificado del asombro. Ya hablaremos del "yo" más tarde; de momento quedémonos con el *aquí-ahora*.

8. El suceso que origina el haiku debe ser significativo

Así pues, todo comienza con un suceso en presente que ha de ser un suceso significativo. Hemos visto que un haiku no puede ser consecuencia del oficio de escritor, de la pretensión de ser sensibles o de la formación literaria; tampoco de la pura necesidad de contar por contar, es decir, del aburrimiento. La vanalidad es uno de los enemigos capitales del haiku:

つくずく淋しい我が影よ動かして見る
Tsukuzuku samishii waga kage yo ugokashite miru
Hôsai

Triste soledad –
Hago que se mueva mi sombra
a ver qué pasa

淋しいぞ一人五本のゆびを開いて見る
Samishii zo hitori gohon no yubi o hiraite miru
Hôsai

Qué soledad –
Estiro mis cinco dedos
a ver qué pasa

El aburrimiento no forma parte de ningún *aware*. Y sin *aware* no tienes derecho a escribir un haiku. Todos aquellos momentos de tu vida que no respondan a una emoción intensa por algo que no surge de ti debes ahorrárselos a tu sociedad, porque tus lectores no nos hacemos mejores conociendo más de tu mediocridad. Una percepción banal no debe ponerse por escrito:

八月や目玉拭くにも力いる
Hachi gatsu ya nedama fuku ni mo chikara iru
TOSHIRO YOSHIDA

Octavo mes –
Hay que hacer fuerza
incluso para limpiar las gafas

¿Puede expresarse con un asombro religioso la pereza del verano? Sí que puede hacerse. Pero para eso hay que sentirla con esa misma fuerza:

居りたる舟に寝て居る暑哉
Suwaritaru fune ni neteiru atsusa kana
BUSON

El calor con que duerme
en una barca
encallada

9. El haiku debe tener fuerza

Trate de lo que trate, que ya lo veremos en su momento (porque un haiku no solo habla de Naturaleza), lo que siente, debe tener fuerza. Ya, a las alturas que estamos del siglo XXI, no valen los haikus-homenaje al estilo de Bashô cuando era bien recibido en una casa (*aisatsu-ku*), o los haikus-pedagógicos con los que el mismo Bashô enseñaba a escribir haikus a sus discípulos, o los haikus-pésame, como este de Buson a la muerte del poeta Torao:

雨の日やまだきにくれてねむの花
Ame no hi ya mada ki ni kurete nemu no hana

Día de lluvia –
Aunque todavía es temprano, ha oscurecido.
Flores del árbol del sueño

Con los siglos, el haiku se ha vuelto algo muy serio, le pese a quien le pese. Y debemos descartar haikus débiles del estilo de:

たばこやにたばこがない寒の雨ふる
Tabakoya ni tabako ga nai samui no ame furu
SANTÔKA

En la tienda de tabaco
no hay tabaco.
Cae una fría lluvia

10. Eso que nos ha conmocionado debe ser contado sin cursilería

Si, para colmo, a una sensación que no llegó a responder a un verdadero *aware* se le une una forma cursi de contarla, obtenemos como resultado algo parecido a:

口中に踊る小春の飴の玉
Kôchû ni odoru koharu no ame no tama
KAJIN

En mi boca danzando
una perla dulce
de pequeña primavera

No es imposible que alguien logre un *aware* por tomarse un caramelo, pero si eso nos ocurre, deberíamos acertar a contarlo mejor. En todo caso, hay que rechazar todo preciosismo, todo exceso a la hora de calificar la maravilla de lo que vamos encontrando a nuestro paso:

金剛の露一粒や石の上
Kongô no tsuyu hitotsubu ya ishi no ue
BÔSHA

Una gota de rocío,
un diamante –
Encima de una piedra

11. Lo mínimo que sucede tiene una importancia capital

Lo que ocurre –sea lo que sea, lo más mínimo que podamos percibir– va a tener en el haiku una importancia trascendental, porque forma parte del desenvolvimiento sagrado del mundo:

鹿の足よろめき細し草紅葉
Shika no ashi yoromeki hososhi kusamomiji
HAKU-UN

Las patas delgadas del ciervo
dan un traspiés –
La hierba roja de otoño

El tema no puede parecer más superficial para los que sean superficiales: un ciervo que da un traspiés en la hierba... Y, ante eso, surge inevitable la pregunta del lector occidental profano en la materia: «Realmente, ¿tiene esto importancia como para inmortalizarlo por escrito?».

El alma japonesa no titubea en la respuesta: si un traspiés de un ciervo de patas delgadas no tuviera importancia, la realidad misma se desplomaría. No habría nada capaz de resistir la eliminación de un instante que ya haya sucedido. Nada; ni la puesta de Sol, ni la presencia luminosa de la Luna en el cielo estrellado, ni la llegada de la primavera, ni la nieve cubriendo los campos..., todo esto se desharía como polvo al viento si un traspiés de un ciervo fuera algo insustancial. El poeta japonés sabe, aunque no lo formule, que cualquier cosa importa porque pertenece al Todo, a la realidad, que no puede ser sino como es, como se va mostrando. La realidad va siendo formada por lo que sucede, y lo que sucede es el resultado de cómo se comportan las criaturas, con sus características propias y la natural interacción entre ellas. Atender a estas naturalezas es el único rito que nos pide el haiku en nuestro camino de "realización", de transformación de nosotros mismos en la realidad que nos asombra.

¿Qué más puede decirse de un haiku como este? *Las patas delgadas del ciervo / dan un traspiés... / La hierba roja de otoño...*

Tras la concreta comprensión del lector de que un ciervo de patas delgadas dé un traspiés en la hierba, algo en nuestro interior se expande, y creemos entender además que el ciervo tropieza con la hierba porque es roja, que tropieza con el rojo mismo de la hierba. Al cabo de algunas lecturas nos abrimos a un nuevo sentido de este, según el cual es la belleza de la hierba que en otoño se enrojece la que hace al ciervo andar distraído y dar el traspiés que llamó la atención al poeta. Tras muchas relecturas y, como una nueva dimensión de este haiku, llegamos al ciervo, tal vez un animal nacido unos días antes del encuentro con el poeta, vida frágil todavía en un mundo frágil. Y así viajamos con la imaginación por el territorio posible de este haiku cuando nos encontramos con la muerte. Nos sobrecoge una sospecha: puede ser que el *haijin* se refiera a las *delgadas patas del ciervo* porque sea un animal enfermo, famélico, viejo, y, por eso mismo, con los días contados, como el otoño. Entonces es cuando las interpretaciones anteriores cobran sentido fundiéndose todas en una: en un paisaje rojo –espléndido– de otoño, un animal débil por la razón que sea, en peligro de extinción, nos está haciendo un solo gesto –un traspiés– para que lo veamos. Y lo vemos.

12. No puedes hablar de ti mismo fingiendo que hablas de la Naturaleza

La primera interpretación del haiku que hicieron los orientalistas se basó en valorar las posibles dobles lecturas de los poemas. El haiku era valioso –pensaron– porque no decía lo que aparentemente decía. Y, para saber qué decía de verdad, hacía falta todo un aparato crítico-imaginativo que lograra articular creativamente la compleja simbología oriental. Esta idea –gestada en el primer orientalismo– es profundamente errónea. El haiku es solo el registro poético de una instantánea que ha ocurrido ante la mirada atenta del poeta. Lo importante nunca podría ser el objeto oculto de la metáfora que urdiría el poema, porque no hay metáforas en el haiku; lo importante es exactamente lo que se nos cuenta en el haiku. Y debemos averiguar por qué esa aparente insignificancia que narra el haiku es importante para un japonés, no qué simboliza. Por ejemplo, Chiyu escribe:

こらへかねて崩るる夜の牡丹かな
Koraekanete kuzururu yoru no botan kana
CHIYU

Incapaz de aguantar más,
la noche se rompió
para la peonía

Y es posible que la poetisa esté hablando de sí misma. Chiyu es la peonía que está durante esa noche en su esplendor (¿esperando qué, o a quién?) y al alba, vencida por el paso de las horas, se viene abajo, se hunde, se hace polvo. Lo creo porque el verbo *kuzureru* ("hacerse trizas") es muy raro para hablar de la caída de una peonía. La peonía de verdad (porque creemos que sí hubo una peonía ante Chiyu, ¡hasta ahí podían llegar las cosas!) acompañó durante toda la noche a la poetisa en su insomnio y fue vencida por el peso del rocío de la mañana. Pero ella misma, según nos cuenta entrelíneas, corrió la misma suerte que la flor.

Insistimos: estamos ante un tipo de haiku altamente infrecuente. Un haiku puede tener muchos niveles de interpretación, pero no suele tener una "doble lectura", es decir, que parezca que se está hablando de una cosa y realmente se esté hablando de otra.

No es fácil afirmar cuándo un poeta de haiku comete este error. Por ejemplo, leemos un haiku que podría ser magnífico, de Suzuki Masajo:

蛍の死や三寸の籠の中
Hotaru no shi ya sanzun no kago no naka
SUZUKI MASAJO

La muerte de una luciérnaga
dentro de una caja
de unos centímetros

Podría ser un haiku motivado por una luciérnaga que a la poetisa se le ha muerto en su caja; simplemente eso. Y, entonces, sería aceptable e incluso –como decimos– lleno de sabor, de *pathos*, de *wabi-sabi*. Pero tenemos la sospecha de que no sea así. De que esté hablando de sí misma. Tal vez proyecta sobre la luciérnaga la asfixia que siente en la casa de su hermana muerta, casada a la fuerza –por presión de su sociedad– con el marido de su hermana para cuidar de él y de sus sobrinos. Es un haiku que rezuma ese morirse en vida que es la rutina, morirse como una luciérnaga en una caja de unos centímetros. Nos habla de la muerte de no ser amada o no estar enamorada, y para expresar todo eso está usando la luciérnaga como símbolo. Desde los tiempos de Izumi Shikibu (974-1033), en el *waka* –otro tipo de estrofa japonesa– se hacía este uso simbólico de la luciérnaga (*hotaru*) para referirse al corazón enamorado. En el *waka* está permitido; en el haiku, no. El haiku no fue concebido para hablar de amor y desamor, y menos para usar a las luciérnagas a nuestro antojo. En Japón hay muchas estrofas y cada una tiene su esencia y su cometido.

Como decimos, es muy comprometido desechar un haiku acusándolo de estar instrumentalizando la Naturaleza, pues es imposible conocer el corazón de los seres humanos. Lo único que podemos es desconfiar de ciertos haikus en los que podría estarse produciendo una proyección. Si tenemos un calor insoportable podemos creer que también las piedras lo sufren; o si sufrimos por amor, podemos pensar que el sonido que hace un animal es un llanto:

林中の石みな病める晩夏かな
Rinchû no ishi mina yameru banka kana
YÛJI

Piedras en mitad del bosque,
todas doloridas,
avanzado el verano

雄鯨の愛の泪や星あかり
Okujira no ai no namida ya hoshiakari
SEIMIN

Lágrimas de amor
de una ballena macho –
Brillo de estrellas

13. La Naturaleza no está al servicio del *haijin*; el *haijin* está al servicio de la Naturaleza

Instrumentalizar la Naturaleza, usarla, para que lo que cuentas de ti mismo resulte más bello o más aceptable por una sociedad a la que solo le interesa la Naturaleza es una tentación permanente del *haijin*:

とらつぐみ恋文ひとつひとつ燃す
Toratsugumi koibumi hitotsu hitotsu mosu
ÔISHI ETSUKO

Canta un *toratsugumi*,
mientras yo quemo una a una
las cartas de amor

Sabemos que estamos en verano porque el *toratsugumi* es "palabra estacional" (*kigo*) que hace referencia a dicho momento del año. Los lugares donde canta este pájaro están lejos de las ciudades; en bosques espesos. Lo que hasta ahora sabemos nos evoca un largo viaje de una mujer con el corazón roto y una sola intención: limpiarse de un desamor en el seno de la Naturaleza mediante un acto ritual de quemar una a una esas palabras que antes daban sentido a su vida. Justo en el momento de desembarazarse de todo ese peso que lleva dentro, canta un *toratsugumi*. Estos son los elementos que han entrado en el haiku: el verano húmedo de Japón, la soledad de un bosque, un pequeño fuego a la intemperie, un pájaro de colores veteados –negros y blancos–, y una mujer que se ha tomado la molestia de irse tan lejos como ha podido solo para hacer con plena conciencia lo que está haciendo: quemar cartas de amor.

A pesar de que hemos podido imaginar la escena, no es un buen haiku a nuestro juicio. La razón es que el peso del sentimiento de la autora es mayor que el de ningún asombro de nada de lo que ocurrió en la Naturaleza en ese instante, en este caso, el canto del *toratsugumi*. Ni siquiera porque el haiku comience con el nombre de ese pájaro (evocando su canto) dejamos de ver como protagonista de este el corazón destrozado de la poetisa. Esto no es un haiku como debería ser. Llega a ser un *tanka* (estrofa 5-7-5-7-7 que trata preferentemente de tema amoroso) sin que tuviéramos el menor óbice y se habría tenido ocasión, además, de añadirle catorce sílabas, porque el *tanka* hace precisamente eso: enmarcar un sentimiento humano en un entorno natural. El *tanka* no es indiferente a la Naturaleza, pero lo que en ella sucede no es el valor central del poema. El valor central es el amor.

Sumamos un poco más de crítica a la crítica, con fines exclusivamente pedagógicos: No es solo que este haiku hable de amor y que no presente ningún asombro natural, sino que la autora instrumentaliza la Naturaleza misma como escenografía de unos sentimientos suyos que tratan de apropiarse del centro del universo. El bosque no es lugar de la manifestación de los *kami*, sino un sitio donde quemar cartas de amor, y un pajaro de los alrededores no está ahí más que para llorar con ella. La cultura popular nos dice que el *toratsugumi* es de canto triste, al contrario que el *uguisu*, pero es pura convención social. Es cierto que para los japoneses el *toratsugumi* tiene toda una carga cultural que no contribuye en nada a que escuchen inocentemente su canto. Hay un fantasma célebre en la mitología japonesa llamado *nu-e* cuya voz se dice que se parece a la del *tora- tsugumi*; quizá por eso Minamoto no Yorimasa en la era Heian ordenó matanzas masivas de este ave, consiguiendo casi hacer desaparecer la especie. Entre los japoneses se afirma que su clásico *jî-jiô*, «al recordarnos al viento, nos hace sentir vulnerables». Que cante por la noche, en los días nublados o en las ruinas de los santuarios abandonados, juega a favor de quien lo tenga como presagio de algo malo. ¿Nos quiere decir la autora que va suicidarse, o que intuye que la pena va a acabar con ella? Podría ser. En cualquier caso, los pájaros no están para dar un tono sombrío a ninguna escena natural, ni mucho menos para presagiar la muerte de los enamorados.

El indagar en una cultura a fondo para ver las implicaciones de los elementos poéticos que se han usado en un haiku y ayudar a comprenderlos es lícito. Pero hay que vigilar que el exceso de erudición no nos haga darle valor a un haiku que no lo tiene. Un auténtico *haijin* debería haber estado más protegido contra las connotaciones culturales del canto de ese pájaro. Para un niño, como para un poeta de haiku, el *toratsugumi* es simplemente un pájaro que canta, y no desde luego para servir de "banda sonora" a una poetisa que se duele por amor. Como también le ocurre al cuco en:

恋ひ死なば我塚でなけほととぎす
Koi shinaba waga tsuka de nake hototogisu
ÔSHÛ

Si muero de amor,
oh cuco, canta
sobre mi tumba

o también:

Cuando muera de amor,
oh cuco, llora
sobre mi tumba

En conclusión, en el haiku no se puede jugar con la Naturaleza, como hace Meisetsu en:

木曾川は怒り木曾山は笑ふなり
Kiso-gawa wa ikari Kiso-yama wa warau nari
MEISETSU

La furia del río Kiso…
Y el monte Kiso
se pone a reír

14. El poeta no debe enjuiciar la Realidad

El *haijin* no califica la escena ante la que está, al menos el que sepa lo que hace en su haiku; simplemente la muestra. En el pasado se dieron casos en los que el propio haiku nos decía si aquello que nos comunicaba debería parecernos enternecedor, maravilloso, triste o elegante:

あちら向に寐た人ゆかし春の暮れ

Achiramuki ni neta hito yukashi haru no kure

BUSON

Una persona que duerme mirando para allá
tiene encanto –
Atardecer de primavera

Finalmente, hemos acabado por comprender que si un haiku está bien construido, el *haijin* no debe decirnos qué emoción debe despertarse en nosotros. Simplemente debemos esperar que, una vez concluida su lectura, nuestra emoción corresponda con la suya. Y si el juicio de lo que ha presenciado es innecesario y poco sutil, todavía peor es cuando el *haijin* cae en juzgar a las criaturas del mundo:

用なしは我と葎ぞ時鳥
Yô nashi wa ware to mugura zo hototogisu
ISSA

¡No servimos para nada
ni yo ni ese arbusto!
El cuco…

15. El "haiku arcaico" fue abandonado precisamente por no respetar la Naturaleza

Bashô puso fin a los juegos poéticos que utilizaban la Naturaleza. Hay dos figuras principales que marcan los lindes de las tres épocas del haiku: Bashô (siglo XVII) y Shiki (siglo XIX). Antes de Bashô, el haiku que se escribe puede calificarse de "haiku arcaico", y a partir de Shiki entendemos que el haiku sufre un cambio por el que lo conocemos como "haiku moderno". Pero el haiku moderno no supone una grave alteración del espíritu del haiku clásico, así como el haiku clásico sí responde a otro espíritu distinto al del "haiku arcaico". Por eso, propiamente hablando, haiku es lo que Bashô, rechazando los planteamientos anteriores, dijo que debía ser y Buson consolidó. Es muy generoso por parte de los japoneses calificar de "haiku" lo que se escribía antes de Bashô. Veamos algunos ejemplos de haiku arcaico:

顔見よと月も笠ぬぐ光かな
Kao miyo to tsuki mo kasa nugu hikari kana
ANÓNIMO

Contempla mi cara –
La Luna se quita su sombrero
¡La luminosidad!

雲は蛇呑みこむ月のかへるかな
Kumo wa hebi nomikomu tsuki no kaeru kana
TEITOKU

La nube, una serpiente
que se traga
a la rana-Luna

松に藤蛸木にのぼるけしきあり
Matsu ni fuji tako ki ni noboru keshiki ari
SÔIN

La glicina del pino
parece un pulpo
subiendo a un árbol

Analicemos, por ejemplo, este último haiku, por llamarle de alguna forma. Todo él es un puro juego de palabras. Excepto uno, todos los términos, si se oyen y no se leen, son ambivalentes: *matsu* (pino, esperar); *fuji* (glicina, Fuji); *tako* (pulpo, cometa); *ki* (árbol, temporada); *keshiki* (apariencia, paisaje); *ari* (haber, hormiga). La intención es posibilitar una lectura equívoca a partir del recitado del poema. Jugar, en definitiva, con las palabras. No por casualidad todavía el haiku (俳句) no se llamaba así, sino *haikai* (俳諧), del verbo *haikai suru*: "divertirse". En japonés, "broma" se dice *haiyaku* (俳謔).

Resumido en unas pocas líneas, diríamos que el haiku arcaico más que observar la Naturaleza, la usa como excusa; suele emplear la personificación de los seres naturales; utiliza la metáfora; es proclive al humor; es un haiku ligero, que sirve de pasatiempo, poco emotivo y muy elaborado. Dependiendo de la "escuela" a la que pertenezca, introduce el juego de palabras o no. Es acertadamente descrito por Blyth como "intelectualista".

Pero no pensemos que el haiku arcaico dejó de hacerse con la llegada de Bashô, porque Japón es la tierra perfecta para experimentar y tantear una y otra vez. Nada se destierra definitivamente, nada se aprende para siempre. En Japón "se van sabiendo cosas". El verbo japonés "saber" no se conjuga nunca como una realidad pasada y concluida. Por eso no puede asombrarnos que en la última antología publicada de haikus en japonés, con toda suerte de ilustraciones, se incluyan auténticos haikus arcaicos escritos hoy en día, como:

海を縫ふ水尾の白糸神の旅
Umi o nû mio no shiraito kami no tabi
Keiko

Cosiendo el mar,
la blanca vela –
El viaje de un dios

大空や渡り行く鳥布の如し
Ôzora ya watariyuku tori nuno no gotoshi
Meidô

Vasto cielo
como una pieza de tela
con pájaros migradores

天の川枝川出来て更けにけり
Amanogawa edagawa dekite fuke ni keri
HANAMINO

Formando sus afluentes
el Río del Cielo,[2]
la noche se hizo profunda

16. Con prudencia pueden entrar en el haiku ciertos elementos de nuestro mundo urbano

Más interesante que los errores que se cometieron en el haiku arcaico nos resultará la exposición de si el haiku moderno hace tambalear las bases sentadas en la época clásica del haiku, o si, por el contrario, introduce cambios que no atentan contra la esencia del género. Indiscutiblemente, en Japón, a ojos vistas, el tiempo no ha pasado en vano y los cambios en el modo de vida del japonés han sido radicales respecto a la época dorada del haiku clásico. Estas vertiginosas transformaciones en el modo de vida han afectado, en efecto, pero no sustancialmente, al haiku. En Occidente creemos que con la llegada de Shiki *todo* lo que se escribe es *completamente* diferente a lo que se escribía antes. Eso es no comprender cómo opera la sociedad japonesa. Del millón de haikus notables que se escriben en Japón cada año no llegan a un centenar los que se han "liberado" del metro clásico. La ruptura del metro clásico se da tan solo en la obra de individuos aislados –como Santôka o Hôsai–, y no sin controversia. Hoy en día siguen siendo excepcionales haikus tales como:

蒸し暑く生きものが生きものの中
Mushiatsuku ikimono ga ikimono no naka ni
SANTÔKA

Calor asfixiante –
Dentro de los seres vivos,
seres vivos

La cita en el haiku de elementos de nuestro mundo moderno ha supuesto una sorpresa en el ámbito del haiku y comenzamos a familiarizarnos con el hecho de que un *haijin* escriba algo como:

駅連の少女は電線のにおい
Ekiren no shôjo wa densen no nioi
TAKAHIRO YAMAUCHI

La chica del maratón
huele
como un cable de electricidad

Tal como yo veo el asunto, no es que no se pueda hablar en el haiku de béisbol, de rascacielos o del metro de tu ciudad. La cuestión es qué cosas de tu mundo quieres que se conserven y qué cosas quieres que se olviden. Hemos dicho que el haiku es, en definitiva, el registro universal de la existencia. Lo que escribas con la forma de un haiku sobrevive. En conclusión, es cierto que los japoneses hoy en día hablan con naturalidad en sus haikus de los elementos de la vida moderna; tan cierto como que salen expresamente de las ciudades para escribir haikus. De alguna forma, el haiku te expulsa de la ciudad. No hay manera de ocultar cuál es la paternidad última del haiku, a saber, el taoísmo, una forma de vida de sabios que no quieren saber nada de la vida ciudadana y huyen a los bosques y a la pura Naturaleza.

La crítica japonesa reconoce una cierta diferencia entre el haiku clásico y el moderno, separados cronológicamente por esa frontera que es Shiki, el gran erudito del haiku del siglo pasado. Sin embargo, los posibles conflictos literarios a que puedan dar lugar las diferencias entre el haiku clásico y el moderno resultan tan sacados de quicio «como pelearse por los cuernos de un caracol», como reza el proverbio japonés.[3]

17. El haiku surge del silencio

El haiku te invita a huir de la ciudad, porque necesitas del silencio. Tan solo poner fin a nuestro ruido cotidiano podrá concedernos el estado de apertura a la Naturaleza que va a nutrirnos espiritualmente y a sanarnos de nuestras enfermedades del alma. Y eso lo conseguiremos agudizando nuestros sentidos dentro de ese silencio. Como escribe Chora:

静かさや散るにすれあふ花の音
Shizukasa ya chiru ni sureau hana no oto
CHORA

Silencio –
El sonido de las flores
rozándose al caer

El *haiku-dô* es un camino de silencio:

水にそうていちにちだまつてゆく
Mizu ni sotte ichinichi damatte yuku
SANTÔKA

Bordeando el agua
todo el día
voy callado

Aunque no se declare expresamente, hay una sensación de que el poeta y el agua se dan compañía, y mantienen alguna clase de relación. El silencio del *haijin* es la respuesta a la voz del agua. Así es el diálogo que lo sagrado ha establecido entre ellos. Algo ya sabemos con certeza: si llevas tu ruido a cuestas, no puedes acompañar a los sonidos de la existencia.

水音といっしょに里へ下りて来た
Mizu oto to issho ni sato e orite kita
SANTÔKA

Junto con el sonido del agua
vine bajando
a la aldea

Solo el silencio nos permite la escucha. La Revelación es el silencio mismo cuando es escuchado. Una vez desvelado el silencio surge lo real:

いちにち物いはずねむれない月夜となる
Ichinichi mono iwazu nemurenai tsukiyo to naru
SANTÔKA

Tras un día en completo silencio,
una de esas noches de Luna
en las que no se puede dormir

Literalmente: «En todo el día / cosa / no dije / no se puede dormir / noche de Luna / llega a ser». Tal como está este haiku, nos da la impresión de que como resultado del silencio de un día entero se produce una noche de Luna (*tsukiyo to naru*)..., de esas en las que no se puede dormir (*nemurenai*). La Luna como fruto del silencio. Fue la palabra no dicha lo que hizo hermosa a la Luna en esa noche. Nuestro silencio, nuestra soledad, nuestro abandono tienen una estrecha relación con la belleza del mundo. Seguro que también el día siguiente a la noche en contemplación fue de silencio para Santôka. Seguro que hubiera podido escribir al día siguiente un haiku casi idéntico al del día anterior, solo que alterando el orden de los versos:

ねむれない月夜となっていちにち物いはず
Nemurenai tsukiyo to natte ichinichi mono iwazu

Fue una noche
de Luna e insomnio
Y, al día siguiente, silencio.

La mudez del poeta tendría ahora, sin embargo, el signo inequívoco de los hombres que han sido hechizados por el mundo. El silencio produce belleza, y la belleza produce silencio.

18. El haiku no destruye el silencio

El haiku surge de un silencio, y, aunque es palabra, no destruye ese silencio. Veamos, para ejemplificar lo que queremos decir, este haiku contemporáneo de Fûsei:

夜半の夏しいんと更けて十七音
Yowa no natsu shiin to fukete jûnana on
FÛSEI

Ahondando silenciosamente
en la medianoche de verano,
diecisiete sonidos

Es complicado explicar todo lo que sugiere este haiku, porque el término *shiin*, además de formar parte del adverbio *shiin to,* que significa según el diccionario de Jim Breen "silenciosamente (como en una tumba), tranquilamente (como en la muerte)", es una palabra japonesa que tiene distintos significados dependiendo de los ideogramas que se usen. *Shiin* significa, por ejemplo, "causa de muerte" (死因), "consonante sorda" (子音) o "sello personal" (私印), y también hay que trabajar con lo que estos términos despiertan en el lector, porque la mente opera así, asociando consciente o inconscientemente palabras homófonas: el silencio de las horas más avanzadas de la noche encuentra su "causa de muerte" en un haiku que el poeta no puede reprimir y que susurra bajito como si fueran "consonantes sordas", un rumor de poesía como "sello personal" del hombre que se ha atrevido a internarse en la noche, su aportación al mundo de la Naturaleza.

De modo que lo primero que se nos ocurre es pensar en el haiku –diecisiete son sus sílabas– como lo que ha puesto fin al silencio de esa noche. Pero, desde otro punto de vista, también podríamos considerar que se nos está diciendo que dentro del silencio hay sonido; con tal de que escuchemos atentos. El silencio, como el resto de las cosas, no es una realidad plana; admite nuestro internamiento dentro de él. ¿Cómo? Afinando nuestros sentidos. Son los sentidos los que nos capacitan para el viaje por el interior de la realidad, penetrando a través de los poros de la espesa materia y desplazándonos luego por sus distintos niveles. En concreto, si ahondamos en el silencio, descubrimos que no es silencio más que para los que son sordos a lo sutil. Todo silencio es un enjambre de sonidos respecto a los que no estábamos preparados.

19. El haiku que tiene sabor de *wabi-sabi* entronca con la tradición

Hay haikus que tienen lo que se llama en japonés *wabi-sabi*, sabor de belleza triste, que no hay que lamentar, porque es también un estado natural de las cosas. Más que tristeza sería una hondura en la que, aun estando solos, no nos sentimos mal, porque hemos conectado con el fondo suave y fértil de la existencia. Por ejemplo, tendría *wabi-sabi*:

枯枝やおみくじひとつ風にゆれ
Kare-eda ya omikuji hitotsu kaze ni yure
TSUJI MITSUHIRO

Un solo lazo de papel votivo
en una rama seca
movida por el viento

Aparentemente, este haiku no dice gran cosa; pero veámoslo con calma, aquietemos nuestro corazón para paladearlo sin prisas... Los japoneses, en ocasiones, cuando van a visitar un monasterio, compran un papel en el que escriben un deseo, o tal vez lo han comprado en el mismo monasterio –eso se llama *omikuji*–, y lo atan a un árbol de hoja permanente (porque el verdor es signo de que lo sagrado, que es vida, palpita en él). Este es el contexto del haiku que antecede. En ese contexto, y en el lugar en que nos ubica, el poeta ha visto algo fuera de lo normal: en una de las ramas de uno de los árboles, hay un solo lazo de papel votivo, y la razón bien puede ser que ni siquiera sea un árbol consagrado. Puede ser que se refiera a un árbol en el exterior del recinto del monasterio en el que alguien, atolondrado, antes de volverse a su casa deja amarrado su deseo. Tal vez alguien –un niño, un extranjero– que no sabía que debía atarlo a uno de los árboles del centro del recinto, o alguien a quien le gusta la soledad, o que no acaba de creer en la eficacia de estas cosas. Las razones de un *aware* (emoción profunda) carecen por completo de importancia para el poeta. Lo que importa es el *aware* en sí mismo. Y un árbol con un solo deseo atado, un árbol con las ramas secas, un árbol fuera del recinto sagrado, un árbol engalanado únicamente por la distracción o la indiferencia de alguien que no ha sabido hacer bien las cosas, así tal como está, mece sus ramas al viento. Y todo japonés que lea este haiku te dirá que tiene sabor de *wabi-sabi*, de sensación de íntima unión con el mundo a través de esa belleza honda suya que uno ha sido capaz de sentir.

20. Captar la armonía del mundo

Sería inútil hablar de haiku sin referirnos a la armonía (*wa*). Sea poeta de haiku o no, quizá lo que más llama la atención de alguien que llega al país con sus primeros rudimentos de lectura del ideograma (*kanji*) es el tema de la "armonía", del *wa* (和). Todo en Japón tiene que ver con la armonía. En matemática, por ejemplo, una "suma" es una armonía; literalmente, se dice en japonés: «La armonía de los ángulos de un triángulo es de 180 grados». Si uno habla de un papel típicamente japonés va a llamarlo *wa-shi* (literalmente "papel con armonía"), el japonés es el "idioma de la armonía" (*wa-go*), hay algas con armonía (*wa-kame*) y comidas con armonía (*wa-shoku*). Aliñar una ensalada (*aeru*) es "ponerle armonía". Si uno quiere comer en un restaurante un filete de ternera está pidiendo, literalmente, "una vaca con armonía" (*wa-gyû*)... ¡Y hasta los bandidos japoneses que en los siglos de la Edad Media atemorizaban a los campesinos serían, en su pura literalidad, *wa-kô* (ladrones con armonía)!

Todo *haijin* debe comenzar su camino asumiendo que la finalidad de todo este quehacer que ahora emprende es llegar a armonizarse con la Naturaleza. La Naturaleza es la maestra del silencio, de la paz y de la tranquilidad. Es la fuente original de la armonía. Esta armonía tan precisa para que las relaciones humanas sean posible debe "descender" de la Naturaleza. Por eso se hace un *musubi*, un lazo, una unión, entre "lo que está arriba" (los *kami*) y los seres humanos. Para que el mundo humano llegue a ser fecundo debe lograr bañarse en la armonía de la Naturaleza. Cada año es un nuevo comienzo y una nueva oportunidad para los seres humanos, y el haiku así lo refleja:

元日を天地和合のはじめかな
Ganjitsu o tenchi wagô no hajime kana
SHIKI

Primer día del ciclo anual –
Da comienzo la unión
del Cielo y la Tierra

Shiki ha usado la palabra *wagô* (和合), literalmente "unión de armonías". Pero, tal vez, de todos los términos que expresan la idea de "paz" y "calma", el más frecuente en el haiku sea *shizukesa*, literalmente "silencio". El silencio en Japón no necesariamente tiene que ser ausencia de sonido. Puede que todo esté en silencio y que no haya *shizukesa* y, al contrario, uno puede estar oyendo el canto de unas cigarras y que sí haya *shizukesa*, como en el haiku de Bashô:

閑かさや岩にしみ入る蝉の声
Shizukasa ya iwa ni shimiiru semi no koe
BASHÔ

Todo en calma –
El chirriar de las cigarras
penetra la roca

La paz es silencio, aunque haya sonido. Lo molesto (*urusai*) es ruido, aunque haya silencio. El japonés es una lengua complicada porque el corazón de los japoneses es complejo.

En japonés puedes oír cómo se dice literalmente «Me divirtió el silencio» (*watakushi wa shizukesa o tanoshindeita*), cuando uno ha estado en paz en cierto momento y cierto lugar. ¿Es la paz, el silencio "divertido" para nosotros? Esa frase resulta prácticamente intraducible en nuestra lengua.

Diríamos sin miedo a exagerar que miles de haikus hablan de la *shizukesa* de la Naturaleza. Por ejemplo, ese de Santôka que dice:

やまのしずかさへしずかなるあめ
Yama no shizukasa e shizukanaru ame
SANTÔKA

Con dirección
a la montaña tranquila,
una lluvia que se va tranquilizando

Aunque también hay otros términos japoneses que se utilizan para expresar esta sensación de paz y armonía con el todo, por ejemplo, *yasuraka ni*:

山裾やすらかに歯のないくらしも
Yamasuso yasuraka ni ha no nai kurashi mo
SANTÔKA

Al pie de la montaña
en paz, una vida
sin un solo diente

21. Entender la armonía es esencial para el *haijin*

Hemos visto que Japón se llama a sí mismo "el país de la armonía" y, ciertamente, lo es. Desde luego que la armonía guarda mucha relación con el irnos tranquilizando de nuestra locura:

蜻蛉や狂ひしずまる三日の月
Tonbô ya kurui-shizumaru mikka no tsuki
RANSETSU

Las libélulas
tranquilizan su locura.
Luna en cuarto creciente

El poeta constata dos realidades: la Luna (con el tamaño y la forma que corresponde al día tercero del mes lunar), y las libélulas (que se han tranquilizado). Este haiku nos sugiere que fue la dulce noche del verano cuyo símbolo es la Luna la que al llegar amodorró a los seres del día, tranquilizándolos. Si unas libélulas pasan al llegar la noche de un movimiento sin ton ni son a un vuelo más calmado, esto no debe ser pasado por alto, porque es un matiz de este nuestro maravilloso mundo. Nos sugiere que el haijin ha observado el hecho y luego se ha quedado embobado pensando "¿por qué?"; y no ha llegado a ninguna conclusión, porque el poeta no es un pensador, sino un hombre hechizado. O bien se ha quedado embobado sin pensar nada.

Pero esta armonía a la que aspira la cultura nipona, que es la médula del carácter de sus gentes, no excluye momentos puntuales de nerviosismo, violencia o incluso horror. No es la armonía Zen de la pura quietud donde las pasiones se han aniquilado, sino la del mundo natural con sus eventuales sucesos violentos:

燕啼いて蛇をうつ小家かな
Tsubakurame naite ja o utsu koie kana
BUSON

Las golondrinas piando –
La gente de la choza
golpeando a la serpiente

La amenaza desencadena el miedo y el miedo provoca la agresividad. La crispación en la vida de la aldea se corresponde con crispación en el entorno natural. Aquí no se está instrumentalizando la Naturaleza. Al contrario: hombre y Naturaleza son la misma cosa. Las golondrinas no "lloran" (*naku*) la muerte de la serpiente, sino que ponen sonido a la violencia, con su estridente piar (*naku*), como si fueran parte de ella, como si tuvieran un garrote y estuvieran apaleando de forma inmaterial una serpiente que está ya suficientemente asesinada.

El sonido no solo refleja la maravilla, sino también el horror de la brutalidad. En el haiku aparecerán, por derecho propio, todos los sonidos de la existencia, no solo los bellos trinos de los pájaros cantores. Veamos, por ejemplo, este otro espléndido haiku de Buson, dedicado al sonido de unos cuchillos que se afilan:

鯨賣り市に刀を鼓しけり
Kujira-uri ichi ni katana o narashi keri
BUSON

El sonido de los cuchillos
en el mercado donde vendían
la carne de la ballena…

22. Un mismo haiku puede decirse de muchos modos diferentes

La relación humana es parte esencial del camino del haiku. Los haikus se leen y valoran –excepcionalmente se comentan– en público. Destruir el "yo" es aún más difícil, porque no es un ejercicio ascético privado, sino que será entre elogios y rechazos como habremos de deshacernos de nuestro "yo". Una de las clásicas trampas de un auténtico maestro para destruir a un falso discípulo es elogiar su haiku.

Y también, muchas veces, los poetas de haiku van juntos a escribirlos. En la montaña o en los templos dan espacio y tiempo a que surjan haikus que luego comparten. En una de estas "recolecciones de haiku" tres poetas sintieron un mismo *aware*. El primer poeta escribió:

石庭やつつじのままに水の音
Sekitei ya tsutsuji no mama ni mizu no oto
TSUJI MITSUHIRO

Un jardín de rocas –
Por entre los setos,
el sonido del agua

Entendemos cómo ha sucedido el asombro progresivo que motivó este haiku: primero, llegar al lugar y sentarse ante las rocas, desde donde se ven los setos. Después, en cuanto tranquilizamos esa locura nuestra cotidiana que nos roba la vida: ¡el sonido del agua! Es un haiku solemne, de innegable sabor Zen.

Un segundo *haijin* –esta vez mujer– sin casi coincidir en una sola palabra escribió:

苔むす庭の石清水
Koke musu niwa no iwashimizu
TSUJI YOSHIE

El sonido del agua
entre las piedras del jardín
cubiertas de musgo

Esta vez el original es más breve de lo normal, ni siquiera tiene tres versos. Es una poesía de contemplación pura con sabor antiguo. En este haiku hay de todo: musgo, jardín, roca, agua... Es un microcosmos donde conviven esas criaturas elementales del universo de antes de la invención del hombre. La escena está ahí y es previa al ser humano. Nosotros sabemos de ella, sin embargo, gracias al *haijin* que –para recogerla fielmente– se ve obligado a poner en función, al menos, tres sentidos corporales: se huele la humedad de la que nace el musgo, se ven los setos y las rocas, y se oye el agua... Es un haiku soberbio, con más fuerza que el anterior, yo diría que perfecto... ¡Y aún le han quedado cinco sílabas sin decir! Por azares de la vida no pudo acabarlo, o fue acabado cuando yo ya no estaba presente. Con esas cinco sílabas que le faltan, un *haijin* mediocre añadiría el nombre del lugar en el que estamos, pero un *haijin* consumado se dará cuenta de que aún no hemos ubicado temporalmente el haiku y no sabemos si es por la mañana temprano, a mediodía, a media tarde, al caer el Sol, en plena noche o al alba. Y con la ubicación temporal, la impresión que el haiku nos deja cambia sustancialmente.

El tercer *haijin* no fue capaz de escribir una sola palabra.

23. No hay plagio en escribir un haiku muy parecido a un haiku conocido

A veces, debido a la producción ingente del haiku en Japón y la relativa brevedad de temas y motivos, el parecido de dos haikus será simple fruto de la casualidad. Veamos un caso en que dos poetas contemporáneos escriben un haiku sobre algo muy parecido:

春風に尻を吹るる屋根屋哉
Harukaze ni shiri o fukaruru yaneya kana
ISSA

El que repara el tejado –
Un culo sobre el que sopla
el viento de primavera

屋根引の金玉しぼむ秋の風
Yanebiki no kintama shibomu aki no kaze
RYÔKAN

Viento de otoño –
Se encogen los testículos
del que instala el tejado

Otras veces, el autor de uno es perfectamente consciente de estar imitando a alguno de sus poetas preferidos. Uno de los ejemplos más reiteradamente propuestos es el siguiente:

釣鐘に止まりて眠る胡てふ哉
Tsurigane ni tomarite nemuru kochô kana
BUSON

Deteniéndose en la campana del templo
duerme
una mariposa

釣鐘にとまりて光る蛍哉
Tsurigane ni tomarite hikaru hotaru kana
SHIKI

Deteniéndose en la campana del templo
reluce
una luciérnaga

No es lo mismo que en una campana se pose una mariposa que una luciérnaga; como tampoco es lo mismo si la mariposa duerme o si la luciérnaga brilla. Todos son matices que deben ser recogidos. Para nosotros, con una distinta educación, la falta de importancia que se da entre los poetas japoneses a escribir un haiku casi idéntico a uno ya célebre, es desconcertante. Por lo mismo que el *haijin* desaparece del poema, también ha desaparecido su vanidad como artista. Parece como si se nos quisiera decir que los haikus no son de nadie; que tan solo cumplen la función de plasmar lo que existe.

Si el haiku es lo que ocurre en un momento y en un lugar en presencia de un ser humano y expresado con modestia, eso no excluye que otro lo haya sentido antes o lo vaya a sentir después, o que lo esté sintiendo en otra parte al mismo tiempo:

初雪にこの小便は何やつぞ
Hatsu-yuki ni kono shôben wa nani yatsu zo
KIKAKU

En la primera nieve…
Este pipí…
¡Qué patán!

真直な小便穴や門の雪
Massuguna shôben-ana ya kado no yuki
ISSA

Un agujero perfecto
hecho por el pipí –
La nieve de la puerta

En cualquier caso, queda claro que la imitación de un haiku no es nada que deshonre al que lo hace. En todo caso, sería al contrario.

24. Cuánto más tópico sea el *aware*, menos emocionará al lector

Hay que hablar de todo lo que nos ha emocionado. Pero, cuánto más se haya dicho sobre un asombro, más difícil será que emocione a quien no lo está experimentando en presente, a quien tan solo le llega mediante unas palabras que han fabricado ya un tópico de la cultura universal. Es lícito y correcto un haiku que diga:

魚はねて水静也ほとゝぎす
Uo hanete mizu shizuka nari hototogisu
GONSUI

Salta una carpa –
El agua vuelve a la calma.
Canta el cuco

Pero esto ya lo sabemos. Para bien o para mal, porque hemos perdido la capacidad de emocionarnos por lo dicho mil veces, el caso es que ya está dicho.

Todo lo que nos emociona debe escribirse, pero la diferencia de nivel entre unos *haijin* y otros es que muchos pasamos ante algo sin emocionarnos y, de pronto, un auténtico poeta de haiku lo ve y recibe el *aware*. Por eso Buson –no Bashô– nos enseñó a todos el haiku, porque a él le emociona lo que, en principio, no nos dice nada:

寂幕と昼間を酢のなれ加減
Jakumaku to hiruma no sushi no nare kagen
BUSON

Cogiendo su punto de sabor
el *sushi*, en un mediodía
de abandonada soledad

Y, desde Buson, hasta el último poeta vivo de haiku. Nishiguchi Sachiko –una anciana que vive aún en una aldea de cincuenta casas en el corazón de Shikoku– escribe:

一筋の通路残して番茶干す
Hitosuji no tsurô nokoshite bancha hosu
NISHIGUCHI SACHIKO

Entre las hojas de té
puestas a secar,
solo un sendero.

25. Un mismo haiku puede tener muchas interpretaciones posibles

En lo relativo a las interpretaciones posibles de un haiku, a veces, ni los japoneses se ponen de acuerdo. Y este desacuerdo no tiene la menor importancia. Si uno trata de preguntarles cuál de las diferentes interpretaciones dadas a un haiku es la verdadera, inequívocamente, contestarán: «¿La verdadera? ¡Todas!». Por ejemplo, este haiku de Izen puede traducirse de dos modos diferentes:

若葉吹くさらさらさらと雨ながら
Wakaba fuku sara-sara-sara to ame nagara
IZEN

Hojas nuevas que brotan
con la lluvia,
el sonido del viento
o
Mientras la lluvia,
el sonido del viento soplando
las hojas nuevas

El *haijin* no ha mencionado la palabra "viento", y eso no contribuye a aclarar si *fuku* significa "brotar" o "soplar", así que tenemos que acostumbrarnos a movernos en la ambigüedad de que los haikus puedan mostrarnos dos o tres paisajes al mismo tiempo. El japonés se mueve mejor que nadie en esta tierra en una situación de pura ambigüedad.

Para ilustrarlo con más contundencia hemos traído a colación uno de los casos más complicados de la historia del haiku: el *Utsutsu naki* de Buson.

うつゝなきつまみごゝろの胡蝶哉
Utsutsu naki tsumami-gokoro no kochô kana
BUSON

Como si no fuera de este mundo,
cogida con todo el corazón,
la mariposa

Literalmente, este haiku dice: *Utsutsu* ("realidad"), *naki* ("no hay, no tiene"), *tsumami* (sust. deriv. del verbo "coger con los dedos, pellizcar"), *gokoro* (*kokoro*: "corazón, alma"), *no* (es un *kireji* –"partícula que corta"– traducible por "eso de, el asunto de"), *kochô* (mariposa), *kana* (otra "partícula que corta").

Vamos a considerar algunas de las diferentes interpretaciones que ha tenido y tiene este haiku:

Buena parte de la crítica considera que Buson miró a la mariposa y deseó cogerla, pero que no lo hizo; Kyoshi, sin embargo, defendía que Buson realmente la tuvo en su mano. Hekigodô y Kusatao añaden que fue una desagradable sensación tactil, frente a otros muchos que creen que Buson sintió trascender su pura materialidad del placer que le produjo coger con todo cuidado a aquella indefensa criatura. Algunos piensan que lo vivió y otros que lo soñó, aunque ya hemos dicho que los haikus son una experiencia real de algo, ni sueño ni imaginación. No nos es posible saber si "lo etéreo" (*utsutsu naki*) era la mariposa o el corazón de quien la veía (en la realidad o en el sueño) y quería atraparla. No puede saberse –desde el exclusivo punto de vista gramatical– si la acción de "prender" (*tsumamu*) está ejercida por los dedos o por el corazón, o incluso por algún otro sujeto elíptico como las patas de la mariposa (así lo sugiere Kakû, que afirma que era la mariposa la que tenía cogida la hoja en la que estaba posada).

Por ser diferentes las interpretaciones nos vemos obligados a dar distintas traducciones:

- La versión por la que se inclina Miura Yuzuru es: «Mariposa en mi mano / como si fuera un espíritu / etérea, insustancial».
- Para Blyth la traducción más acertada sería: «Como si fuera en un sueño / deseé sostenerla en mis dedos / Una mariposa».
- Más tarde, el mismo Blyth sugería: «Me gustaría sostenerla / Parece etérea / ¡Esta mariposa!».

Aunque admite perfectamente otras traducciones más:

- «La mariposa / El corazón que se inclina a cogerla / no es de este mundo»
- «Una mariposa / que haga que el corazón quiera cogerla / como en un sueño»
- «Cogida con el corazón en la punta de los dedos / como si no fuera de este mundo / la mariposa».

Acortando esta última en lo posible, nos ha salido:

Como si no fuera de este mundo,
atrapada por el corazón,
la mariposa

26. Acercamiento visual al haiku

Entonces, si todas las interpretaciones posibles son la verdadera, ¿cómo inclinarnos por una versión u otra en nuestras traducciones? Para traducir un haiku –para apreciar lo que el haiku esconde en su versión original– habrá que tener en cuenta los diversos modos de acercamiento al haiku que habremos de desarrollar. El primer nivel de acercamiento de un japonés a un haiku es a veces mudo, visual. En las ocasiones en que el japonés lee el haiku antes de oírlo, lo primero que ve son los ideogramas que lo componen. Eso que un japonés ve enseguida del poema –el haiku como engarce de ideogramas– no tiene posibilidad de llegar a la traducción castellana y es una pérdida lamentable, que no podemos solucionar más que invitando a los verdaderos amantes del haiku a no posponer indefinidamente el estudio del *kanji*. Pero eso no quiere decir que, sin saber leer en japonés, no nos queden niveles posibles de inmersión en el verdadero haiku. Solo que se nos priva del primer acercamiento al texto. Veamos un ejemplo de ello en el haiku siguiente:

晴天に有明月の朝ぼらけ
Seiten ni ariake-zuki no asaborake
KYORAI

Literalmente, diría: «En el cielo despejado / la pálida Luna / el alba». En japonés, sin embargo, a primera vista, leemos:

- *sei* (晴, "despejado"), compuesto por el radical "Luna" (月)
- *ariake* (有明, "pálida"), doblemente constituido por la misma raíz, y
- *asaborake* (朝ぼらけ, "alba"), donde también aparece una Luna

De modo que, si le añadimos la propia palabra "Luna" que se lee en el segundo verso (月,"tsuki"), suman un total de cinco veces que encontramos el radical "Luna" en cuatro palabras. Lo cual nos lleva a una conclusión inequívoca que es imposible de sacar a partir de la traducción: el poeta está tan absorto por la Luna que parece no poder concebir ninguna palabra en la que la Luna no esté presente. La Luna es lo único que ve, de lo único que puede hablar, lo único que está en el haiku. Esta impresión que da la lectura del texto japonés no vemos cómo puede recogerse en una traducción literal. Solo si nos separamos de la literalidad, entonces sí podríamos tratar de producir la misma impresión en el lector:

En un cielo despejado,
al alba, una pálida
Luna, Luna, Luna

27. Acercamiento auditivo al haiku

Otras veces, el haiku se oye antes de leerlo. Cuando, por ejemplo, se trata de una lectura poética o de compartir haikus entre amigos. Alguien lee un haiku y lo hace con los silencios que considere mejor. Lo normal es que tras la lectura los asistentes le pidan verlo, ya que en japonés existen muchas palabras que suenan igual, pero tienen diferentes significados. El *kanji* resuelve esa homofonía. Pero ya en la mera sonoridad del haiku hay un sentido implícito. Por ejemplo, cuando Santôka cansado de vagar por los caminos escribe *Akai shito shite itsu made tabi o tsuzukeru koto ka*, lo lógico es leerlo en dos tiempos: uno más corto, en el que nos da la noticia de que está orinando sangre (7 sílabas), y otro más largo (14 sílabas), largo como el mismo viaje del que se queja que no termine.

赤い尿していつまで旅をつづける事か
SANTÔKA

Akai shito shite
itsu made tabi o tsuzukeru koto ka

Orinando roja sangre…
¿Hasta cuándo va a continuar este viaje?

También en cómo suenan las palabras elegidas hay un sentido. No se trata de enredarse en juegos de palabras, pues el haiku huye de todo eso. Pero a veces las palabras elegidas son un recurso sobreañadido para que con solo oír el haiku lo estemos percibiendo de un modo más amplio:

石山の石より白し秋の風
Ishiyama no ishi yori shiroshi aki no kaze
BASHÔ

El viento de otoño
más blanco que la piedra
de Ishiyama

El sonido *shi*, como el del silbo del viento, se repite hasta cuatro veces, evocando el viento de otoño:

*I**shi**yama no*
ishi** yori **shiroshi
aki no kaze[4]

En este otro caso de Santôka, las palabras que usa suenan a aquello a lo que se refiere:

春の山からころころ石ころ
Haru no yama kara korokoro ishikoro
SANTÔKA

De la montaña de primavera,
el sonido de una roca
que cae rodando

Observamos las palabras que ha escogido: *Haru no yama* ***kara koro-koro*** *ishi****koro***. Es muy difícil reproducir en castellano la sensación auditiva que provoca la conjunción de consonantes K-R, que es como el sonido seco y contundente de algo sólido que va rodando aparatosamente.

28. Acercamiento integral al haiku

Lo mejor de la audición del haiku –respecto a una lectura en privado de este– es que el que lo recita resuelve la gran dificultad de las cesuras de los versos. Me explico. Cuando uno lee a solas un haiku, junto con el beneficio de ver el haiku (sus ideogramas), está la dificultad de no diferenciar los versos y, por tanto, el sentido que darle al haiku. En japonés, en contra de lo que vulgarmente se cree, el haiku se escribe en una sola línea vertical, sin separar las palabras ni los versos. Cuando se trata de una caligrafía, la cesura suele corresponder al final del papel; tan simple como eso. Podría objetarse que no se hace necesaria la cesura porque solo hay que contar las sílabas para saber cuándo acaba el primer verso, ya que creemos saber el metro obligatorio del haiku clásico (5-7-5). Pero ya hemos visto que eso no es cierto. Existen unas partículas –los *kireji*– que son como nuestros puntos ortográficos: determinan silencios en la lectura. Pero la verdad es que, a excepción de dos o tres de estos *kireji*, la mayoría de los japoneses no está al tanto de cómo usarlos o cómo entenderlos. Así que al final lo que el japonés hace cuando lee un haiku es tratar de percibir de un modo instintivo y directo qué se le está comunicando. Cuando los asistentes a una reunión poética exponen en común lo que han sentido al oír un haiku, cómo lo han interpretado, se comprueba que un haiku no es ni mucho menos una expresión objetiva de algo, sino una sucesión de impresiones que te llevan a un estado. Por ejemplo, si leemos

しづかなる水は沈みて夏の暮れ
Shizukanaru mizu wa shizumite natsu no kure
MASAKI YÛKO

gramaticalmente, “lo que se tranquiliza” (o “lo que se sume en el silencio”, que ambas cosas podría significar *shizukanaru*) podría ser la poetisa, el agua o el atardecer de verano. Y “lo que se sumerge” (*shizumu*) –en pura casuística gramatical– podría ser ella (en el agua), el agua (en el atardecer) o el atardecer de verano (en la noche). Por eso, lo mejor sería que lo leyésemos como los japoneses, olvidándonos de sintaxis y métricas; que los traductores de este haiku pudiéramos dejar nuestro *rol* y pudiéramos permitirnos susurrar al oído de cada uno de los lectores palabras –ni siquiera versos– incluso alterando el orden en que fueron escritas:

Kure	El atardecer…
Natsu	El verano…
Mizu wa	El agua…
Shizumite	Lo que está sumergiéndose…
Shizukanaru	Algo que se tranquiliza…

Llegar al fondo de este haiku es tomar contacto inmediato con realidades, sin tratar de ordenarlas, sin sistematizarlas, sin obligar a los sujetos o a los objetos directos a buscar su verbo. Enseñándoles a los sustantivos a compartir verbos, y a los verbos a trabajar el triple por el mismo precio, sin que nadie esté preocupado –por una vez– del sentido de lo que estamos queriendo decir; solo de las sensaciones que nos comunican las palabras. Así es exactamente como lo procesa la mente japonesa.

¿Y cómo leería, entonces, un japonés un haiku como este?

鶯や茶の木畑の朝月夜
Uguisu ya cha-no-ki-batake no asa-zuki-yo
Jôsô

La mente japonesa va de un sabor a otro, sin tener tiempo siquiera de organizar gramaticalmente las palabras que sustentan esos sabores: ruiseñor… té… árbol… plantación… mañana… Luna… noche. En cuanto a los *kanji*s no solo observamos el par de contrarios "mañana-noche", sino también el de "árbol-fuego".[5] Y todo ello debe producir un efecto en el lector. La traducción queda siempre pobre, incluso añadiéndole un verbo que no aparecía en el original:

Canta el ruiseñor –
En la plantación de té,
la Luna al alba

Para interpretar correctamente un haiku, aparte de tener corazón, hay que tener la humildad de preguntar a los japoneses, porque nuestro corazón ha sido formado en una cultura y debe hacer un esfuerzo por aprender de la cultura que ha dado origen al haiku. Y, preguntando a los japoneses, serán menos útiles los profesores universitarios y los eruditos que las amas de casa, las vendedoras de flores o de pescado. Todos los japoneses tendrán algo que aportar, pero lo que dice el intelectual pertenece más a sí mismo que al alma colectiva nipona. Se les expone el haiku y se les escucha a ver qué sienten ante él. Cuando se reúnen muchas de estas interpretaciones se pueden compilar y mostrarlas junto con la traducción por la que finalmente nos inclinemos, que debe ser la que consiga aunar el mayor número de interpretaciones posibles. Los haikus significan todo aquello que pueden significar (siempre que lo que pueda significar no sea un monstruo del lenguaje); pero deben tener al menos una significación. Un haiku que sea solo un paladeo de palabras bonitas no es un haiku; lo que hay que paladear es la realidad que está dejando transparentar el haiku.

Y luego, lo que queramos; lo que queramos sentir con ese haiku, lo que queramos hacer de él, cómo deseemos incorporarlo a nuestras vidas, a nuestro aprendizaje del mundo, cómo queramos embriagarnos con él, siempre que no perdamos en ningún momento la compostura que inflexiblemente va a exigirnos la cultura nipona para abrirnos las puertas de su intimidad.

29. Si no se puede imaginar la escena, no estamos ante un buen haiku

Mi primer maestro de japonés me enseñó que un buen haiku era el que contenía absolutamente todos los elementos para permitirte imaginar la escena que describe, como:

古池や紅葉を揺らす鯉の尾びれ
Furu-ike ya momiji o yurasu koi no obire
TSUJI MITSUHIRO

Un viejo estanque –
Una carpa dando coletazos
a una hojita roja

En el caso propuesto conseguimos sin dificultad *visualizarla* porque es un haiku bien hecho: hay un viejo estanque (con resonancias al *fuku-ike* de Bashô), y en él una carpa enorme, casi desproporcionada en relación al pequeño lugar por el que nada. Es un pez lo suficientemente grande como para jugar con su cola con las hojas caídas, estamos en otoño, en un paisaje hermoso de *momiji* (hojas de arce). Pero la belleza de las hojas rojas nos impresiona a nosotros, no al pez, que está solo y se distrae haciendo que vaya y venga una hoja con forma de estrella. Una pequeña hoja roja con forma de estrella centra la escena: el otoño hace caer la hoja en el agua, el agua la deja a merced del pez, el pez juega con ella a malabares y obliga al poeta a fijarse en ella... Agua, otoño, pez, poeta y hoja... ¿Dónde empieza y dónde acaba cada uno de ellos?

Hay haikus que están tan bien construidos que parecen más una acuarela, una pintura o una fotografía:

谷路行人は小さき若葉哉
Tani-ji yuku hito wa chiisaki wakabana kana
BUSON

Pequeña la gente que va
por el sendero del valle...
¡Las hojas nuevas!

En este haiku *vemos* en primer término unas hojas nuevas, verdes, recién nacidas, que quedan a la derecha o a la izquierda del observador, dejándonos espacio suficiente para contemplar cómo al fondo del paisaje un sendero que recorre el valle es recorrido por unas gentes que se ven tan pequeñas... No puede ser de otro modo. Las hojas recién brotadas no pueden estar en la distancia o no se apreciarían, las gentes no pueden estar cerca o no se verían de tamaño diminuto.

Existe un truco para saber si nuestro haiku es bueno o no, y es dárselo a un niño pequeño y decirle que lo pinte. Si no sabe por dónde empezar, es que no lo ve, porque faltan elementos para que pueda imaginar la escena.

30. Un haiku es mucho más que una fotografía

Pero no creamos que por ser "visualizable" un haiku en nuestra mente el único sentido que nos sirve para relacionarnos con el mundo es el de la vista. Un haiku es mucho más que una fotografía. Por ejemplo, en este haiku de Chiyo el verso *doko yara take* es irreprensentable en fotografía:

Hatsu shigure doko yara take no asaborake
CHIYO-NI

Primer chubasco –
Cualquiera sabe dónde está el bambú
al alba

Si, de hecho, la invención de la fotografía no ha acabado con el haiku es porque –aunque ambas respondan a una misma afición del alma japonesa por capturar la realidad tal como nos fascina– sus posibilidades son diferentes. Nunca podría representarse en fotografía la ternura que Issa está percibiendo, por ejemplo, en:

秋風に歩いて逃げる蛍かな
Akikaze ni aruite nigeru hotaru kana
ISSA

En el viento de otoño
una luciérnaga que huye
a pie

O el *tempo* del asombro con que Santôka va escribiendo en:

足音一つ来る子供の足音
Ashioto hitotsu kuru kodomo no ashioto
SANTÔKA

Pasos de alguien
que se acerca…
Son los pasos de un niño

31. El origen del haiku no está en la vista sino en la piel

Por extraño que pueda parecernos a los occidentales, el haiku en general es un arte menos visual que epidérmico. El sentido que nos lleva al haiku es el tacto, no de las manos, naturalmente, sino de toda nuestra piel. Por eso afirma Kôbô Abe, en *La mujer de arena* que si el alma existe está en nuestra piel:

> 文明の高さは、皮膚の清潔度に比例しているという。人間に、もしか魂があるとすれば、おそらく皮膚に宿っているにちがいない。
>
> «Se dice que la altura de una civilización se mide por el grado de limpieza de la piel. Si la persona tiene un alma, esta debe sin duda morar en su piel».[6]

Hay poetas de haikus más visuales, como Buson, porque también son pintores y tienen educada su percepción con cierta deformación profesional. Pero lo corriente es que un poeta de haiku llegue a serlo por la capacidad de su piel de sentir el mundo que le rodea. Hay decenas de verbos japoneses que proceden de una sensación cutánea: *shimu* (染む), *shimiru* (染みる), *shimikomu* (染み込む), *nijimu* (滲む), *najimu* (馴染む). Uno de los términos que contagian de un modo más poderoso este modo de relacionarse con el mundo es el adverbio *shimijimi to*:

笠をぬぎしみじみとぬれ
Kasa o nugi
shimijimi to nure
SANTÔKA

Literalmente, *kasa* o *nugi* (sin sujeto: «hay alguien que se desprende de su sombrero de bambú»), *shimijimi to nure* (sin sujeto: «hay alguien que está empapado hasta lo más íntimo»). Aunque una traducción literaria –como se nos exige– nos demandará un sujeto:

Calado hasta el tuétano,
ya me puedo quitar
el sombrero de bambú

El "yo" –manifiesto o presupuesto– en este caso es lo de menos. No importa a quién afecten las cosas, mientras la sensación haya sucedido en el mundo de lo real. La fuerza de este haiku no está en el sujeto, sino en el término que lo vertebra: *shimijimi*, que comunica la impresión de algo que se ha sentido con una profunda intimidad.

Nuestra traducción de *shimijimi* aquí, aplicado a la lluvia que está mojando al poeta, puede atender al doble sentido –físico y emocional– de nuestra expresión «Calar hasta el tuétano».

Este haiku es de una belleza rotunda, que no deja margen a nuestros caprichos de belleza. Se nos hace ver a un hombre abandonado al mundo con una sola protección: un sombrero de bambú; y que, incluso esta única protección, se le torna inútil en cierto momento. Más que inútil: cuando lo que lo resguardaba pierde su utilidad, pasa a ser un peso más del caminante. Podría habernos dicho lo mismo con otras palabras:

«Un sombrero ya innecesario / Reconozco que no puedo estar más empapado». Hay un sentimiento elegante y profundo –sin victimismos de ningún tipo– de no haber obtenido esta vez la protección de la existencia. Por eso, el poeta puede hacer referencia a sí mismo; porque él no importa. Lo único que importa es la acción que sucede en él. Como en:

しみじみ生かされていることがほころび縫うとき
Shimijimi ikasarete iru koto ga hokorobi nû toki
SANTÔKA

Profundamente emocionado
por seguir vivo,
es hora de remendar mis ropas

32. El haiku es una expresión elemental

El haiku es una expresión elemental. Ya de por sí las particularidades del idioma japonés facilitan la sencillez expresiva del haiku, pues los nombres comunes no conocen diferencias de género ni número, como tampoco existen desinencias personales en la conjugación, a lo que se añade que varios tiempos verbales (infinitivo, presente y futuro) puedan decirse igual, la afición por la intraducible onomatopeya, etcétera. A esto hay que añadir también que para el *haijin* es un noble reto el hacer un haiku con los mínimos elementos sintácticos posibles, o mejor dicho, es un logro el haberlo conseguido sin que se hubiera pretendido otra cosa que la expresión más elemental de lo que ha sentido. Lo cierto es que, si lo único que tiene que hacer un haiku es expresar nuestro asombro, prácticamente podría decirse del haiku que es la forma poética de una interjección, de una exclamación, y, por ello, apenas necesita de palabras. En ese sentido, Onitsura es único:

春の水ところどころに見ゆるかな
Haru no mizu tokoro-dokoro ni miyuru kana
ONITSURA

Haru: primavera
no: de
mizu: agua/aguas
tokoro: lugar
-dokoro: lugar

ni: en
miyuru: puede verse
kana: ¡!

¡Por todas partes
puede verse
el agua de primavera!

Tenemos, por tanto, en el haiku unos poemas que no exceden las cuatro o cinco palabras. Kyoshi Takahama –como nos recuerda Rodríguez Izquierdo–[7] destacó el hecho de que existieran haikus japoneses sin ningún verbo, adjetivo o adverbio. Esto requiere notables dosis de sensibilidad interpretativa en el que se acerque al texto en japonés. Aun un lector japonés precisará de un tiempo, siempre mayor del que podríamos imaginar, para hacerse con el sentido del haiku. Siempre que no se trate de uno de los haikus archiconocidos, merece la pena hacer la prueba de leerle a un japonés un haiku esperando de él una explicación.

33. En el haiku nos expresamos con libertad

Cuando se trata de enseñarnos a plasmar haikus con libertad y sencillez expresiva, los niños son los mejores maestros. Escribe un niño de diez años:

うれしくてふる雪口でうけとめる
Ureshikute furu yuki kuchi de uketomeru
DESCONOCIDO

Tan contento
que recibo la nieve
con la boca abierta

Excepcionalmente, algunos adultos consiguen volver a ser niños gracias al haiku:

うまさうな雪がふうわりふうわりと
Umasôna yuki ga fûwari fûwari to
ISSA

Umm, parece sabrosa…
Esta nieve que cae
tan delicadamente…

Un haiku muy al estilo de Issa: espontáneo, ligero, libre…

La imagen de la nieve cayendo no le abre a un mundo de la contemplación "pura" –como era de esperar en un místico–, sino que le sugiere el extraño sentimiento de comérsela. Issa es un místico sin cuento, no de hagiografía barata. Hay quien mira la Belleza como un espectador, y hay quien desea meterse en ella y meterla en sí mismo y se la quiere comer o le entran ganas de hacer pis sobre ella. Todo vale, excepto la pasividad, en una auténtica vivencia de las cosas. Cuando un ser humano está completamente realizado, los sentidos con los que se relaciona con lo exterior son imprevisibles: piensa con lo que tendría que tocar, ama con lo que debería oír, come con lo que está concebido para contemplar… Y si la palabra de esa persona deja transparentar lo que siente, logramos expresiones del ser humano incomprensibles para el mismo ser humano. Véase hasta dónde llega la libertad expresiva del haiku en algunos de los *haijin*:

梅の花赤いは赤いはあかいかな
Ume no hana akai wa akai wa akai kana
IZEN

La flor del ciruelo –
Un rojo que es un rojo
¡rojo!

今日も今日も今日も今日もやだまし雲
Kyô mo kyô mo kyô mo kyô mo ya damashi kumo
ISSA

También hoy, también hoy,
también hoy, también hoy–
Nubes mentirosas

No estamos ahora valorando haikus, sobre si consiguen con esa libertad expresiva crear algo que merezca la pena o no, sino solo mostrando lo que puede hacerse. La libertad expresiva de los poetas de haiku, alejada tanto como se pueda de las aspiraciones de otros exponentes de la Historia de la Literatura, a veces llega a tener el tono coloquial con que contamos las cosas:

落葉を踏んで来て恋人に逢たなどといふ
Ochiba o fundekite koibito ni atta nado to iu
SANTÔKA

Vino caminando sobre las hojas caídas
a decirme que se había encontrado con su novia
y no sé qué más

Pero no nos confundamos. Sencillez no es vulgaridad. Este haiku de Santôka es extraordinariamente sutil. El hecho de que la persona que lo visita haya venido pisando las hojas secas parece centrar toda la atención del *haijin*, mientras que el asunto de la conversación que han mantenido es minimizado por el poeta, distanciándose de ello con un *nado* ("etcétera", "y todo eso", "y esas cosas"), como si no fuera verdaderamente importante. Lo curioso –lo que marca la diferencia de la frescura de Santôka con cualquier otro poeta de haiku– es que, no siendo importante ese asunto para Santôka, ha querido que forme parte de su haiku.

34. La libertad de expresión no contempla el uso de figuras literarias

En haiku se puede hacer y decir de todo, mientras sea con naturalidad. Lo único que está prohibido es la artificiosidad. Y las figuras del lenguaje, para el poeta de haiku, lo son; lo son hasta en sus mínimas expresiones. Adecuar cada verbo a cada sujeto es fundamental: el viento no "peina" los trigales ni "araña" la superficie del lago. La manipulación de los verbos, las metáforas, las analogías están mal vistas en el haiku:

いく群れか泳いで行や鰯売り
Ikumure ka oyoide yuku ya iwashi uri
RYÔKAN

Cuántos vendedores de sardinas
nadando entre la gente,
como bancos de peces

La analogía es comparar a los vendedores de sardinas con el producto que venden, pues, cuando es el tiempo de las sardinas, invaden la ciudad con sus cajas al hombro esquivando al resto de los peatones, como si nadaran entre ellos (*oyoide*). Ryôkan, que al parecer alcanzó un importante renombre como autor de "poemas al estilo chino" (*kanshi*), no fue nunca un buen poeta de haiku. Tal vez tenía demasiada formación para captar con sencillez lo que ocurría a su alrededor.

La victoria de la expresión natural sobre la expresión literaria en materia de haiku costó mucho esfuerzo en Japón; fue un pulso contra la vanidad de los profesionales de la escritura. Los primeros haikus, tal como los conocemos en la actualidad, se deben a Onitsura y a Bashô. Pero, así como inventaron el haiku que se constituyó en el trasunto del *haiku-dô* (el haiku como camino espiritual), también ensayaron otro tipo de haikus que fueron abandonados por la tradición. Onitsura, por ejemplo, escribió (señalo en cursiva los elementos que la tradición rechazó):

灯火の言葉を咲かすさむさかな
Tomoshibi no kotoba o sakasu samusa kana
ONITSURA

¡Este frío
hace florecer
palabras de luz!

鶯の青き音をなく梢かな
Uguisu no aoki ne o naku kozue kana
ONITSURA

El canto verde
del ruiseñor
en la copa del árbol

春雨の底を探すや声の糸
Harusame no soko o sagasu ya koe no ito
ONITSURA

Buscaré *hilos de voz*
en el fondo
de la lluvia primaveral

¿Por qué rechazar el uso de figuras poéticas como "palabras de luz", "canto verde" o "hilos de voz" si resultan literariamente bellas? El haiku ha acabado siendo un instrumento, y sirve para lo que sirve precisamente porque es como es y no de ninguna otra forma. No sabemos a qué habría llegado el haiku de seguir la vía de la fabricación de figuras literarias que inauguró Onitsura, ni para qué serviría entonces. Quizá habría anticipado varios siglos la elegante modernidad de nuestra poesía actual. El haiku pudo haber evolucionado a partir de las "palabras de luz" de Onitsura y no a partir de "la rana que se zambulle en el viejo estanque" de Bashô. Pero no lo hizo. Onitsura dijo: «Sin autenticidad no hay haiku» (*makoto no hoka ni haikai nashi*: まことの外に俳諧なし), y la tradición japonesa le hizo caso, eliminando toda expresión literaria del haiku.

35. Es lícito en haiku usar palabras o expresiones de gran riqueza expresiva

Hasta ahora hemos dicho que el haiku era un modo sencillo de comunicar un asombro. Eso no impide que en ocasiones los términos que se usen tengan una gran riqueza expresiva e incluso que echemos mano de una palabra o expresión muy exacta para expresar lo que queremos y que se esté perdiendo en el habla coloquial. Un buen ejemplo es el lenguaje que se usa en los pueblos, que es al mismo tiempo coloquial y muy preciso. La única condición que nos pone el haiku es que no caigamos en la pedantería o en los cultismos. Por ejemplo, no solo es lícito, sino que es admirable el haiku:

しようしようとふる水をくむ
Shôshô to furu mizu o kumu
SANTÔKA

Merece la pena que lo comentemos a fondo. Literalmente, *shôshô to furu* (impersonal: «llueve de manera *shôshô*»); *mizu* o *kumu* (impersonal: «hay alguien que recoge ese agua»). Solo en una traducción literaria aparece el esperado sujeto:

Llueve delicadamente
y yo recojo el agua

Al igual que en el haiku anterior en el que aparecía el adverbio *shimijimi to*, ahora debemos decir de *shôshô to*, que es una expresión difícil. Solo que, además de tener una gran versatilidad de significados como *shimijimi*, está en desuso. En concreto, aplicado a la lluvia podría admitir las traducciones: "llueve pausadamente", "llueve silenciosamente", y "llueve incesantemente". En el *Genji Monogatari* descubrimos un nuevo significado que completa este último sentido: *Shôshôtaru rin-u* («lluvia que dura varios días»). En el diccionario encontramos para *shôshô to*, entre otros muchos, dos significados que conforman un buen marco de referencia inicial: mono *sabishii sama* («situación de algo triste y nostálgico»), y *mono shizukana sama* («situación de algo silencioso y tranquilo»). Seguimos profundizando en los llamados "diccionarios japoneses de la palabra antigua" (*kogo*) y encontramos que *shôshô to*, si se aplica al viento o a la lluvia, debe interpretarse como que –cuando se producen– pulsan de un modo intenso nuestra alma. (Por ejemplo, en las expresiones *Monosabishiku kaze no fuku sama* o *Monosabishiku ame no furu sama*).

Así pues, el primer verso deberá responder en su traducción a una lluvia que dura mucho tiempo, pero que es silenciosa y que, por todo ello, nos provoca una honda tristeza. Cuando llueve de manera *shôshô*, el mundo está insistiendo en uno de sus aspectos más sensibles; es un pulso al corazón del hombre que contempla esa lluvia. Si no se entiende la conmoción que antes ha estado sintiendo Santôka por su caída, el hecho de recoger ese agua de lluvia (que aparece en el segundo verso) se vacía de su valor poético. «Voy a nutrirme de la delicadeza y la modestia de esta lluvia», parece querernos decir. «Voy a alimentarme de lo que antes me emocionó»... «Me beberé la tristeza que baña las cosas estos días»...

¿Le está permitido a un poeta de haiku expresar algo así? Por supuesto que sí. Si no le estuviera permitido, ¿cómo podría pretender ser una poesía que se centra en lo real?

36. Se comunica con exactitud lo que se ha presenciado

El haiku es la fidelidad que debemos a la vida. El haiku es lo que capta de la realidad la realidad con la que sueñan las palabras. No es literatura; no es pensamiento. Es la palabra del ser humano cuando este es una criatura más de la existencia, una criatura como otra cualquiera con su particular forma de expresión. Igual que la rana croa, el caballo relincha o el lobo aúlla, el ser humano hace haiku. Y para captar la realidad es imprescindible la exactitud:

川澄むや落葉の上の水五寸
Kawa sumu ya ochiba no ue no mizu go-sun
TAIGI

El río se trasparenta –
Sobre un fondo de hojas,
una cuarta de agua

El fondo íntimo de este haiku –parece evidente– son las hojas caídas, hojas que pueden verse con toda nitidez en el lecho del río en disposición cuidadosamente desordenada. Para el poeta, en esta ocasión, el agua no es vista como factor del deterioro de las cosas, sino al contrario: esas hojas caídas, en el seno del agua, están en ella como preservadas; todavía más, resaltadas en sus colores y en sus siluetas, detenidas en el tiempo. Aunque para eso tengan que soportar sobre ellas el peso de "unos quince centímetros de agua" [*mizu go-sun*, en castellano coloquial, "una cuarta de agua"].

El entendimiento occidental del haiku a veces excluye por incomprensibles algunos excelentes, o bien trata de disfrazar "literariamente" los versos más comprometidos. Un texto en el que se hable de los centímetros de algo, para nosotros, está más cerca de lo científico que de lo literario (pensando –como se suele– que el haiku es literatura). Sin embargo, para el japonés entra dentro de la necesidad de exactitud al reflejar aquello que a uno le ha impresionado. No es en absoluto lo mismo si sobre ese fondo de hojas hay diez metros de agua, dos metros o una cuarta; la escena cambia, la impresión cambia. Y no hay forma de describirla si no se nos permite determinar los componentes esenciales de lo que nos ha impresionado.

Fue el propio Bashô el primero que empezó a describir los asombros de sus haikus con esta exactitud:

枯芝ややややかげろふの二三寸
Kareshiba ya yaya kagerô no ni-san-sun
BASHÔ

Sobre las hierbas secas,
más o menos un palmo
de flamas de calor

Ni-san-zun, «de 6 a 9 centímetros», traducido por nosotros un poco más relajadamente "más o menos un palmo". Hasta ahí llega el poeta de haiku, consciente de que sin precisión no se está diciendo lo mismo. La belleza necesita siempre ser concreta.

Veamos, como último ejemplo, ese *hokku* –los primeros tres versos de una secuencia poética encadenada– de un *renga* que hizo Buson con su discípulo Kitô:

牡丹散て打かさなりぬ二三片
Botan chitte uchikasanarinu ni-san pen
BUSON

Se deshoja la peonía –
Los pétalos en montoncitos
de dos y de tres

37. El *haijin* debe decirnos cuándo sucede su asombro

Importa menos la habilidad que tengamos para captar algo que consideramos bello que mostrarnos diligentes y dispuestos a la hora de recoger los mil matices de un mundo que sucede incesantemente ante nosotros. Uno de estos matices es el tiempo en el que ocurren las cosas:

九たび起きても月の七ツ哉
Kokono tabi okite mo tsuki no nanatsu kana
BASHÔ

Ya van nueve veces
que me despierto…
¡La Luna a las cuatro de la madrugada!

Nos acabamos de referir en el epígrafe anterior a la necesidad de exactitud. También esta necesidad afecta a la ubicación temporal. La relación del ser humano con el tiempo es en sí mismo motivo de haiku. En este caso, me he levantado nueve veces en la noche para ver la Luna, y todavía queda mucha noche por delante… La contemplación no es solo "estar", sino el hecho de ser consciente del paso del tiempo en ese "estar". El mundo está estructurado en ciclos que se repiten porque la eficacia de las cosas está en su insistencia.

Sin precisión temporal, los eventos estarían perdidos en nuestro haiku como un niño en un bosque. Más que nadie, son los niños los que van a saber la importancia del tiempo en que ocurren las cosas:

すいせんをおってしかられた夜六時
Suisen o otte shikarareta yoru rokuji
KUBO SATOSHI

Cogí un narciso
y me regañaron
a las seis de la tarde

El poeta de oficio, el profesional de la literatura, no entenderá la importancia que le da este niño a la hora precisa en que aquello sucedió. En el fondo, porque eso que se cuenta no le parece *realmente* importante. No es la trascendentalidad que tienen "las cinco de la tarde" en la elegía a Ignacio Sánchez Mejías. Es solo un niño que coge una flor y le riñen a una hora en concreto. "¿Solo?", tendríamos que preguntarnos. ¿Es que coger una flor hermosa y ser reñido por ello no es en sí misma la infancia del ser humano, ese cúmulo de malos entendidos entre adultos y niños sobre qué puede hacerse y qué no puede hacerse en cada momento?... *Yoru rokuji* ("las seis de la tarde") no es un elemento decorativo en este haiku. "Las seis de la tarde" no es un dato frío, vacío, porque está habitado por un suceso que para un niño fue importante. En esa hora exacta de ese día algo palpita. Eso es lo que busca cada instante del tiempo: un algo que haya ocurrido para un alguien y que no podría haber sucedido sin un cuándo. Ese día, a las seis de la tarde, a todo lo largo del planeta, ocurrieron cientos de millones de hechos, y seguramente fueron reseñados por los adultos de muchas maneras, pero tal vez nadie lo recogió en un poema. Y el corazón del mundo –que lo tiene– no dudará de entre todos esos eventos, cuál merece ocupar su memoria. A partir de ahora, sabiendo lo que sabemos de lo importante que es asociar cada instante con su haiku, vamos a hacer un recuento del tiempo, no con relojes ni con calendarios ni con fechas, sino con travesuras, riñas y flores.

38. El *haijin* debe decirnos dónde sucede su asombro

El *haijin* debe decirnos dónde sucede su asombro. El lugar es el marco que contiene el suceso; por eso es importante que hablemos de un lugar en concreto.

枯葦や難波入江のさざら浪
Kare-ashi ya Naniwa irie no sazaranami
ONITSURA

Los juncos secos:
El suave ondular de las olas
de la ensenada de Naniwa

Es mucho más que un poema que habla de los juncos secos de una ensenada concreta bañados por las olas. Y lo es por cómo Onitsura ha conseguido aislar un suceso normal, cotidiano, resaltarlo del resto de todo lo que lo rodea usando para ello unas cuantas palabras, y hacérnoslo llegar: «las olas bañan los juncos, los juncos están secos, así es el mundo, esto sucedió, yo estaba allí, me di cuenta y esto es lo que os transmito». La existencia de las cosas, el suceder de los eventos es lo sagrado. Y el *haijin*, quien toma nota de lo que ocurre, el que da fe de todo lo que hay, el notario mal pagado de la existencia.

En absoluto es una celebración de un lugar llamado Naniwa. Pero no es una ensenada en abstracto ni una ensenada cualquiera, tiene nombre propio, porque todo en la realidad lo tiene; y el poeta en este caso lo conoce. El nombre propio de las cosas es su carta de naturaleza en el mundo de lo real, aunque nosotros no tengamos siempre por qué saberlo. Pero si existe, es que tiene nombre. Y el poeta quiere conocer el nombre de toda cosa porque quiere impregnarse de su existencia, de la plenitud de su existencia que llega hasta el nombre que la nombra. A veces, la necesidad de nombrar los lugares llega al delirio:

春風や三保の松原清見寺
Haru kaze ya Miho no Matsubara Seikenji
ONITSURA

Viento primaveral –
Ribera de Matsubara en Miho
Templo de Seikenji

¡Tres nombres de lugar en un solo haiku! El que ama algo –y el mundo es lo que ama el *haijin*– es, definitivamente, un loco.

39. No todo debe quedar dicho en el haiku

A pesar de que en el haiku debamos decir con exactitud qué ha ocurrido, dónde y cuándo, en él no debe ser todo claramente desvelado. Gran parte de la belleza de un haiku reside en su capacidad de sugerencia. Si todo queda dicho, el haiku pierde mucho valor. *Ittakiri* es una de las más contundentes críticas que puede hacerse a un haiku mediocre en Japón.[8] *Ittakiri* es un sustantivo que significa "el corte (*kiri*) que produce algo que se ha dicho (*itta*)". Se cortó la posibilidad de seguir imaginando, de seguir internándose en el territorio del haiku propuesto. Si el *haijin* lo dice todo tan claramente, una vez dicho, solo podemos abandonar ese haiku. No ha dejado nada para nosotros. El haiku debe tener todos los elementos para que el lector imagine la escena, pero no una sola escena, sino la que a él le evoque. Y, por supuesto, una escena en la que no haya explicaciones a lo que percibimos. Por ejemplo, si Issa escribe:

むら時雨山から小僧泣いて来ぬ
Murashigure yama kara kozô naite kinu
ISSA

Llovizna en la aldea –
Un aprendiz vino llorando
de la montaña

es un haiku magnífico, porque no sabemos por qué llora ese niño, y de qué parte de la montaña viene o de qué es aprendiz. La conmoción del *haijin* es previa a las explicaciones. El haiku no explica una escena del mundo, sino que la representa.

木枯や二十四文の遊女小屋
Kogarashi ya nijûshi mon no yûjogoya
ISSA

La tormenta de invierno
Una choza de prostitutas
de esas que cuestan 24 monedas

Se acerca la tormenta –el *kogarashi* que, literalmente, "arrasa los bosques"–, en pleno invierno, un monje mendigo necesita refugiarse en algún sitio. Lejos de las ciudades, solo encuentra una choza de mujeres (*jogoya*), de esas con las que los hombres se divierten (*asobu*). Tal vez pide alojamiento y se lo niegan, si no es pagando la tarifa habitual; de ahí que Issa conozca qué precio es el de estas mujeres. O quizá aceptan acogerlo por compasión, y –ya dentro del burdel– Issa se interese por lo que cuesta pasar la noche con una de ellas. Como no nos ha llegado el contexto del haiku, no descartamos nada. Y esa falta de información es parte de su belleza. Sin embargo, la escena que provoca el haiku nos la hemos podido imaginar perfectamente, ¿no es cierto?

40. El haiku no debe llevar elementos de más ni de menos

Los errores en el haiku a veces nos pasan inadvertidos; nadie nos los explica, y por eso no podemos corregirlos. Sin un suficiente conocimiento del terreno que se pisa, el aprendiz de poeta enseguida salta por los aires. El haiku es una tierra infectada de minas. Cometer errores en materia de haiku no es una prerrogativa del *gaijin* (extranjero). Los japoneses –incluso los más célebres poetas de haiku– han cometido errores. Es bueno que, cuando comencemos a escribir nuestros haikus, lo hagamos sin complejos, sabiendo que los grandes poetas de haiku –Bashô, Buson, Issa...– dejaron también para la posteridad algunos tan lamentables como:

初時雨猿も小蓑を欲しげなり
Hatsu-shigure saru mo komino o hoshige nari
BASHÔ

Primera llovizna –
El mono tiene pinta de querer
su pequeño impermeable

たらちねの抓まずありや雛の鼻
Tarachine no tumamazu ari ya hina no hana
BUSON

La nariz de la muñeca –
Su madre
no la habrá pellizcado.

米蒔くも罪ぞよ鶏がけあふぞよ
Kome maku mo tsumi zo yo tori ga keau zo yo
ISSA

¡También echarles arroz
es un pecado!
¡Los pájaros se pelean!

La fama que adquirieran en su día, o que conserven, algunos de estos haikus penosos, de grandes *haijin*, no cambia las cosas. En Japón, "famoso" no es necesariamente un elogio, como tampoco "desconocido" es un desprecio. Por ejemplo, el del mono que quiere un impermeable, de Bashô, es muy célebre, y a pesar de ello: sigue siendo un mal haiku. Porque el consenso de los japoneses así lo ha valorado.

Una vez más: los castellano-parlantes no son más torpes para escribir haikus que los japoneses. Muchas veces, las equivocaciones de los poetas hispanos de haiku no provienen tanto de su incapacidad de comprender las sutilidades de la sensibilidad nipona, como del error que han cometido los japoneses al presentar haikus mediocres junto con haikus inmortales; sin discriminar, sin explicar qué es magistral, qué es aceptable y qué es penoso. La humildad en asuntos de enseñanza para quien está preparado es un defecto. Por ejemplo, analicemos el haiku:

巣作りや長き紐下げ小鳥とぶ
Suzukuri ya nagaki himo sage kotori tobu
KAMEGAYA CHIE

La construcción del nido –
Un pequeño pájaro lleva colgando
una larga cuerda

Es un haiku interesante de estudiar porque parece bastante bueno; y sin embargo presenta algún error. Vamos a comentarlo con calma: *Kotori* podría ser solo "un pajaro pequeño", aunque también es el nombre común de un hermoso pájaro de la familia del *suzume* (gorrión), *hibari* (alondra) o *uguisu* (cuco), que tiene la cabeza azul, el buche blanco y la pluma grisácea. Es un pajarillo elegante y estilizado. En este caso lleva en su pico, con un movimiento cimbreante, hipnótico, una larga cuerda. La primera impresión –tal vez la que motive el haiku– es la de una cuerda que vuela sola. Una especie de magia de objetos que se mueven por sí solos. El movimiento es todo en este haiku: el vuelo posiblemente horizontal del pájaro, el movimiento seguramente pendular de la cuerda... El haiku gana en valor cuando en la mente –el corazón– de la poetisa se produce un equívoco entre si lo que lleva en el pico es una cuerda o una serpiente. Finalmente, resuelve el asombro en cuerda. Y nos contagia la impresión de extraña mezcla –evidentemente se trata de un haiku contemporáneo– entre lo natural y lo artificial. Antes, los pájaros empleaban ramitas en la construcción de sus nidos. Ahora también pueden valer las cuerdas. No podría asegurarlo, pero tengo para mí que el orden de las impresiones recibidas por la poetisa fue el siguiente: «¿Qué es eso que está moviéndose en el aire? Parece una cuerda... Algo que lleva un pequeño pájaro en su pico... ¿No será una serpiente? No, no, es una cuerda, una larga cuerda que va cimbreándose y hace del vuelo del pájaro algo dificultoso... ¿Para qué la llevará? Ah, ya, está construyendo su nido...».

El contraste "pájaro pequeño" (*kotori*) – "cuerda larga" (*nagaki himo*) evidencia la intención poética. Tal vez demasiado: los pájaros suelen ser pequeños en comparación a las cuerdas; quizá no habría sido necesario decir nada. Podemos encontrar otros defectos en este haiku. Tenemos tres sustantivos (un nido, una cuerda, un pájaro) y un verbo (volar) aunque en realidad nido, pájaro y volar son reiterativos. Sin embargo, no sabemos en qué momento del día nos encontramos. A este haiku le falta más de lo que tiene. La duda entre haiku descriptivo y haiku de lo sagrado es también legítima. Porque parece como si fuera más una curiosidad que un *aware*. Sería en este caso un haiku descriptivo por defecto de la poetisa, no de la escena. Es simplemente un haiku de lo sagrado que no ha salido bien, y por eso puede parecer que es una fría descripción.

PARTE II:

El tono y la temática del haiku

41. Es lícito confesar con pudor una intimidad

¿Puede el poeta expresar sentimientos en su haiku? Podemos afirmar que sí, siempre que hayan sido causados por algo que realmente justifique dicha exhibición de emociones. Al cabo de miles de haikus, excepcionalmente, un *haijin* se permite decir en su poema cosas como que siente que ya ha vivido más de la cuenta:

生きすぎて我も寒いぞ冬の蝿
Ikisugite ware mo samui zo fuyu no hae
TAYO-JO

Habiendo vivido más de la cuenta
también yo tengo frío,
mosca de invierno

que añora a su hijo muerto:

蜻蛉釣り今日はどこまで行ったやら
Tonbô tsuri kyô wa doko made itta yara
CHIYO-NI

¿Hasta dónde
habrá llegado hoy
el cazador de libélulas?

o que pronto morirá él mismo:

そのあとは冥途できかん郭公
Sono ato wa meido de kikan hototogisu
ANÓNIMO

Después de eso (qué tiene que sucederme),
escuchemos al cuco
en la tierra de los muertos

El "haiku intimista", en el que el poeta nos confiesa sus sentimientos, es legítimo y en la práctica se da, pero quien se atreva a escribir uno de estos haikus lo hace consciente de que en una cultura como Japón –que castiga ferozmente la expresión de los sentimientos– está retando a su sociedad, está atrayendo el juicio de todos sobre sí mismo. Sus compatriotas podrán luego absolverlo o no de su atrevimiento de decirle al mundo lo que siente, dependiendo de lo que motivara su haiku. De ahí que, cuanto menor sea la manifestación de dolor del *haijin*, tanto más fácil será que su haiku resulte aceptable a sus conciudadanos. Cuanto con mayor discreción se muestren los sentimientos en un haiku, con menos reparos será leído y menos trabas tendrá para llegar a ser realmente una obra maestra.

Pero, ni siquiera expresando un sentimiento, puede instrumentalizarse la Naturaleza, como en:

さびしさの底ぬけてふるみぞれかな
Sabishisa no soko nukete furu mizore kana
Jôsô

Sopla la nevisca
atravesando el fondo
de la tristeza

42. Los poetas de haiku mueren con un haiku en los labios

Existen en Japón miles de poemas de muerte (*jisei*) con forma de haiku. Si tuviésemos que elegir uno entre todos, el que más nos hubiera impresionado, nos veríamos en dificultades. Pero si solo se nos pidiese un ejemplo significativo de estos, tal vez nos inclináramos por el poema de muerte de Santôka, que es un buen ejemplo de la dificultad de traducir haikus, más allá de la pura literalidad:

死んでしまへば雑草雨ふる
Shinde shimaeba zassô ame furu
SANTÔKA

Si acabara muriendo…
Hierbajos…
Cae la lluvia

En este caso, poner en castellano palabra por palabra lo que dice en japonés no es difícil; lo complicado es saber qué es lo que el poeta quiso decir con esos tres versos y, en consecuencia, dónde reside su fuerza.

Veámoslo paso a paso, verso a verso:

- El primer verso significa, gramaticalmente, "si acabo muriendo" / "cuando muera".
- El segundo está compuesto por la más vulgar de las palabras que en japonés se aplican a la hierba (*kusa, shiba, zassô*), traducible como: "hierbajo", "mala hierba". No determina si es singular o plural: un hierbajo o muchos. Tampoco encontramos en todo el haiku un verbo aplicable a estos hierbajos, a pesar de que en él hay tres verbos (*shinu, shimau, furu*).
- Y por fin, el tercer verso: «Cae la lluvia».

Aunque en principio no tendría que resultar complicado comprender el sentido del haiku por la sencillez gramatical y semántica de los términos que lo componen, la dificultad se halla en considerar si estos tres versos están o no conectados entre sí, y si lo están... ¿la conexión se está dando en la mente del autor o en la realidad? Dependiendo de todo ello, son posibles las siguientes interpretaciones:

1) Los tres versos están conectados en la mente del autor:

El poeta, con este haiku, nos quiere decir que cuando por fin muera, una vez sea enterrado, se convertirá en una hierba cualquiera sobre la que caerá la lluvia. Es comprensible que en el último verso, la idea de "hierba" lleve al poeta a la idea de "lluvia", como parte de la naturaleza de la hierba, sin necesidad de que esté lloviendo en el instante en que muera Santôka. [Téngase en cuenta que a este tipo de hierba nada le ocurre más que el ser pisoteada, ser comida por los animales, marchitarse con el paso del tiempo o... recibir la fresca lluvia. Por eso, hablar de "hierba" –haciéndolo desde el corazón de la hierba– es hablar de "lluvia". Quien haya conseguido internarse en eso que es *zassô* sabe que un hierbajo es poco más que una esperanza de lluvia].

2) Solo los dos primeros versos están conectados en la mente del autor:

Tal vez Santôka quiere hacernos ver que, si acabara muriendo, no estaría muriendo más que un hierbajo que cualquiera pisa, algo que carece de belleza y de utilidad... Y en el momento en que acaba de concebir esos dos primeros versos, comienza a llover.

3) Los tres versos están desconectados en la mente del autor y solo conectados en la realidad:

No sería tan insólito. El poeta está ciertamente muriendo, no haciendo literatura. Y escribe porque lo ha hecho toda su vida. En su haiku va encadenando impresiones que son las de sus últimas horas: «Tal vez esta sea la definitiva y acabe muriendo... (Miro) los hierbajos... Se pone a llover».

En lo que sí hay consenso entre los japoneses es respecto a lo adecuado de que su último verso se refiriese a la lluvia que cae. La lluvia que lo acompañó durante sus muchos años de peregrinaje ahora toma la forma misma de la muerte. Dejarse empapar es dejarse envolver, arropar, acoger por la muerte. No es un símbolo, es una experiencia: del agua venimos y del agua depende nuestra existencia cotidiana. Transformarse en agua es la meta del que fluye como un peregrino. Para ello hay que pasar por la tierra. Morir es penetrar en la tierra, como el agua de lluvia, con la esperanza de brotar, como lo que brota de la tierra: los hierbajos. Incluso los hierbajos sin nombre son parte de la maravilla que muere y resucita a cada paso.

Es importante comprender la dimensión "auténtica" de este haiku (en el bien entendido de que todos los haikus la tienen). No hay nada mas auténtico que la muerte; cualquier otra experiencia a su lado parece irreal. La muerte es la autenticidad definitiva, la autenticidad límite, porque hace imposible al hombre ninguna experiencia ulterior. Debemos comprender esto: Santôka no tiene ya –en esas horas finales de sí mismo– aliento ni vida para buscar un verbo y aplicárselo a los hierbajos, y menos para usar un metro 5-7-5, que nunca le pareció apropiado para comunicar el *aware*. No tiene fuerzas ni vanidad para explicitar lo que tienen en común esas cinco palabras que nos deja como testamento. Escribe como puede y lo que puede para no romper la armonía de su propia muerte. Porque sabe que solo va a morir una vez, como solo ha vivido una vez cada uno de sus instantes. Por eso quiere que los versos broten espontáneos, sin rebuscar en la gramática, versos estertores de muerte: un primer verso, un aliento menos de vida; un segundo verso, la vida se despide de su cuerpo; el tercero, y ya está muerto.

43. La conmiseración que puede haber en el haiku por los seres sufrientes

Seguimos refiriéndonos a tipos de haiku con un tono diferente a los que tratan de asombro puro por y en la Naturaleza, y entre ellos aparecen algunos ejemplos de haikus en los que el *haijin* muestra su compasión por otros seres humanos o cualquier clase de criatura:

霜を着て風を敷き寝の捨子哉
Shimo o kite kaze o shiki-ne no sutego kana
BASHÔ

Vestido de escarcha,
duerme en el viento...
¡Un niño abandonado!

Con toda seguridad, el tema de la compasión universal no es sino una huella de la sensibilidad budista en el mundo natural del japonés. El japonés es un individuo al que se le ha educado para no dejarse llevar por emociones personales que le hagan actuar por su cuenta, sea movido por la compasión o por cualquier otro sentimiento. Las necesidades del grupo no contemplan, más que como una carga, la existencia de miembros inactivos, parásitos o débiles. A pesar de que exista entre muchos occidentales la idea de que Japón es una cultura budista, algo tan esencial en el budismo como la compasión universal apenas ha calado en la escala de valores japonesa y en sus claves de organización social, uno de cuyos conceptos fundamentales es lo *tanin*, lo ajeno, lo que no nos incumbe.

Lo que es *tanin* a cada uno de los japoneses no le interesa, o mejor dicho, no debe interesarle. La sociedad está organizada para que el que es activo en su construcción y consolidación esté protegido en todo momento, de la cuna a la sepultura. La protección de lo que se encuentra desvalido no pertenece a la esfera de lo privado, sino a la de lo público. Y por eso mismo, si uno siente compasión, no tiene demasiado sentido expresarla, y mucho menos dejarse llevar por ella y tomar medidas por cuenta propia al margen de lo estipulado por el grupo social para esa situación. Expresar compasión puede llegar a significar que la sociedad tiene defectos en su forma de organización, puede debilitar la autoestima del compadecido, puede crear cierto hábito de ampararse en el victimismo en todo aquel que necesite de cierto protagonismo y que no le importe canjearlo por su desgracia. La expresión de la compasión no es operativa, no sirve a los intereses del grupo; no contribuye a la resolución de las situaciones con más eficacia. La laboriosidad, la abnegación, la disponibilidad son un valor; la expresión de la compasión es un lastre.

Y en una cultura con tales claves, de pronto, encontramos haikus que muestran la preocupación de un poeta por algún sufrimiento que le rodea, por ejemplo, la pobreza:

蚤のあと数へながら添乳かな
Nomi no ato kazoe nagara ni soeji kana
ISSA

Amamantando al niño en la cama,
la madre cuenta
las mordeduras de las pulgas

o las dificultades por las que pasa la gente en la vida:

産月の腹を抱えて田植かな
Umizuki no hara o kakaete taue kana
KYOROKU

Este mes saldrá de cuentas,
le pesa la barriga
y está plantando arroz

Hekigodô explicaba este haiku como si fuera una crítica a la actitud masculina en la sociedad japonesa respecto a la mujer; al defender su carácter satírico, dejaría de ser haiku y pasaría a ser un *senryû*. Pero, incluso si fuera una crítica a la sociedad, lo sería porque el poeta ha sentido compasión por esa mujer embarazada de nueve meses, a punto de dar a luz, y que sigue trabajando el campo. A mi juicio, la escena en sí misma es absolutamente armónica y natural. El *senryû* siempre fuerza un poco las cosas, para que resulten más extravagantes, obscenas o lamentables de lo que ya son, y para que cuando se cuente genere debates o risas. Una mujer embarazada de nueve meses que planta arroz, por doloroso que pueda parecernos, es una escena más de la vida cotidiana de las poblaciones agrícolas, y el modo de tratar el asunto es sosegado y se ofrece más al paladeo que a la reflexión.

44. En el haiku no debe expresarse ningún tipo de ideología

Si queremos decir que nuestro modelo de esposa es una que no se vea aquejada por los celos, o que los disimule cuando su marido vuelve a casa de estar quién sabe dónde y con quién, nadie nos impide decirlo, pero no con un haiku:

朝顔や悋気せぬ妻うつくしき
Asagao ya rinki senu tsuma utsukushiki
KITÔ

El *asagao* –
No tiene celos la esposa…
Es bellísima

Aunque lo diga una mujer. La misma basura que es este haiku de Kitô es este otro de Chiyo:

かけたらぬ女心や土用干
Kaketaranu onna-gokoro ya doyôboshi
CHIYO-NI

De airear los kimonos,
como de airear los corazones de las mujeres,
nunca es bastante

La cuestión no es si nuestra ideología es ridícula o es noble. Por ejemplo, en este haiku, Issa parece romper una lanza en clave de reivindicación social:

人はいざ直な案山子も無かりけり
Hito wa iza suguna kakashi mo nakari keri
ISSA

Los hombres todavía,
incluso los hombres de paja
no tienen derechos

Y no nos sirve. Como no nos sirve el nacionalismo de Sosei en:

歳明くる波音国の四方つつむ
Toshi akuru namioto kuni no yomo tsutsumu
SOSEI

Comienza el año.
El sonido de las olas rodea
el país por todos lados

Es imposible ver cómo las olas rodean el país por todos lados. Así, si no es percepción, es pensamiento. Las olas simbolizan el castigo que recibe el país por todos lados: ideología, ideología, ideología…

Si queremos decir que las religiones son todas un horror, podemos hacerlo, pero no con un haiku:

説教にけがれた耳を時鳥
Sekkyô ni kegareta mimi o hototogisu
SHIKI

Para oídos
impuros por sermones,
el cuco

Porque el haiku es inocente de nuestras ideologías. Shiki sabía que esto no podía hacerse, pero lo hizo. Él mismo enseñaba a los poetas de haiku: «Los haikus no son proposiciones lógicas, y ningún proceso de razonamiento debe aflorar a la superficie [...] Si usas representaciones imaginarias, conseguirás hacer haiku bueno tanto como malo, pero los buenos serán muy raros». Tal vez son las contradicciones las que nos hacen verdaderamente humanos. O tal vez quiso combatir ideología con ideología, porque ese haiku en el que habla de que el canto del cuco nos limpia de la suciedad que han dejado en nuestros oídos los sermones de los religiosos es la respuesta satírica de Shiki a Bashô por su haiku:

清く聞かん耳に香焼いて郭公
Kiyoku kikan mimi ni kô taite hototogisu
SHIKI

Escuchemos limpiamente
quemando incienso para los oídos...
El cuco

Y al final, lo que tenemos es a dos creyentes peleándose por escrito, utilizando para ello indebidamente el haiku y ensuciando el canto de un cuco. Cuando, en realidad, a nosotros no nos importa qué pensaba Bashô de las religiones, o si Shiki se consideraba ateo; lo único que nos interesa es qué más cosas estaban ocurriendo cuando aquel cuco cantó.

45. El romanticismo no pertenece al universo del haiku

Una de nuestras principales inquietudes cuando nos iniciamos en haiku suele ser por qué no se nos permite expresar el amor o el desamor que sentimos en forma haiku. El amor en la Historia de la Literatura occidental es probablemente el tema por antonomasia, eso que ha dado lugar a los más impresionantes poemas y las más extraordinarias novelas. Pero en Oriente no es un asunto tan importante. En Oriente, el tema que merece ríos de tinta es la Naturaleza. Podría ser que entre ambos temas no hubiera conflicto, podría ser que el hombre fuera capaz de ubicar su amor en la Naturaleza, y de hecho así se hizo en la poesía china tradicional. También la poesía japonesa –hasta la llegada del haiku– comenzó a escribirse con estos mismos criterios: usar la Naturaleza de marco en el que se inserta el amor, que es para los seres humanos tan natural como para la nube verter la lluvia.

No tardó mucho, sin embargo, Japón en independizar sus criterios poéticos de los chinos, y fue tal vez por darse cuenta de que en la práctica ese amor ubicado en la Naturaleza acaba haciéndose con todo el protagonismo. Antes o después, los seres humanos terminan por olvidar que la Naturaleza es lo que contiene lo sagrado, o que es lo sagrado en sí misma, y que –en el mejor de los casos– el amor es aquello a lo que hemos cargado con la responsabilidad de dar sentido a nuestras vidas, mientras que lo que realmente nos sostiene en cada instante es lo sagrado, anónimo, mudo, invisible. Vamos y venimos, nos enamoramos, escribimos cartas de amor, miramos con ternura a nuestra pareja o lloramos, y así rellenamos nuestros días de sentido; pero durante todos esos días no hemos dejado de respirar, de ver, de tener consistencia, de mover nuestros músculos, de pesar sobre la superficie de la Tierra, y eso es precisamente –para un oriental– la manifestación en nosotros de lo sagrado. Esa misma sacralidad que en nosotros nos es apenas perceptible se encuentra, inagotable, infinita, múltiple y siempre asombrosa en la Naturaleza exterior.

En resumen, verbalicemos una vez más la recurrente pregunta de los que se inician en haiku: ¿Pueden escribirse haikus de amor? Para el japonés, tener un instrumento como el haiku y utilizarlo para hablar de ti mismo es un auténtico "desperdicio de recursos" (*mottainai*). Escribir de amor es hablar de uno mismo, y hablar de uno mismo entre japoneses es pura y sencillamente mala educación. En Japón no hay romanticismo porque no hay vanidad. El pensar que alguien nos ame hasta poder morir si no consigue el anhelo de estar con nosotros es una idea que tiene que encontrar respaldo en una visión sobredimensionada de nosotros mismos. En Japón, el amor es una cuestión práctica: hay que encontrar pareja para contribuir al futuro estable de la sociedad. El romanticismo, fuera de la adolescencia, está francamente mal visto en la sociedad japonesa, pues es un factor de desorden psicológico en lo personal y social.

Excepcionalmente, en Japón, hay algún poeta –alguna poetisa– que no ha querido aceptar esta regla del haiku, sobre todo en el siglo XX, y ha introducido el tema del amor, como por ejemplo Suzuki Masajo:

死のうかと囁かれしは蛍の夜
Shinôka to sasayakareshi wa hotaru no yo
SUZUKI MASAJO

«¿Nos matamos por amor?»,
me susurró al oído
una noche de luciérnagas.

Dentro del haiku clásico, la proporción del haiku de amor podría ser de uno cada mil o dos mil; he llegado a leer uno de Buson, uno de Onitsura, uno de Shiki, dos de Issa, uno de Santôka, hasta ahora ninguno de Bashô… Hay una razón más contundente que todas las esgrimidas hasta ahora. Para hablar de amor, el japonés no tiene que recurrir al haiku porque ya tiene el *tanka*. El *tanka* ha sido tradicionalmente la estrofa más importante en Japón (por eso se la llama *waka*: "poesía nacional") y habla de amor. Si surge el haiku en el siglo XVII –el haiku tal como lo conocemos hoy– es para hablar de un modo nuevo.

A lo sumo, el amor podría ser "salvado" para el mundo del haiku si nos referimos a un amor como hecho natural: dos amantes que pasean su amor como si fueran dos pájaros o dos mariposas.

霧にかなしと心とけ二人そひゆけり
Kiri ni kanashi to kokoro toke futari soiyukeri
ISSÔ

En la niebla tristemente
dos que caminan fundiendo
en uno sus corazones

初恋や燈籠によする顔と顔
Hatsukoi ya tôro ni yosuru kao to kao
Taigi

Primer amor –
Se acercan a la linterna de piedra
cara con cara…

O por la ternura o la compasión que nos despierta alguien que ha amado o no es amada, como si sintiera algo intenso por cualquier otra razón:

目を閉じて昔の恋温まる
Me o tojite mukashi no koi ni atatamaru
Sôjô

Cerrando los ojos,
piensa en su antiguo amor
y entra en calor

夏痩と答えてあとは涙かな
Natsuyase to kotaete ato wa namida kana
Kigin

Contestó que era
la delgadez del verano,
pero después… ¡se echó a llorar!

46. El erotismo apenas existe en el haiku

Pocas ausencias hay en el haiku tan notorias como la del erotismo. Dentro del mundo humano en general –y de la sociedad japonesa en particular–, el erotismo es un tema estelar. Quizá por eso su casi total ausencia en el haiku llame más la atención.

Pero la razón es sencilla. Si antes veíamos que el amor no aparecía en el haiku porque para hablar de amor el japonés ya tiene el *tanka*, algo así ocurre con el erotismo. El japonés no expresa el erotismo en un haiku porque para eso ya tiene el *senryû*. La misión del haiku es la transformación del poeta y de su entorno puliéndose como un espejo para ser capaz de mostrar la realidad natural tal como es. Y la sexualidad, en Japón, no tiene relación alguna con la existencia, lo sagrado, la generosidad o la vida, como sí lo tiene en otras culturas, sino con el dominio, el sacrificio, la tragedia o la muerte.

Por supuesto que en materia de haiku, y esto es bueno saberlo desde el principio, podemos demostrar prácticamente cualquier cosa que queramos, con tal de saber seleccionar los ejemplos que nos den la razón. Porque el haiku es como la propia sociedad que lo ha generado: se muestra y avanza hacia el futuro según "la lógica del hormiguero", tanteando, buscando continuamente nuevas salidas, equivocándose, reafirmando sin cesar lo dado por bueno. El haiku tiene un desarrollo tentacular, un avance como el de los ciegos. Saber qué es el haiku –como saber qué es "lo japonés"– es aprender a distinguir cuál es la corriente principal, el cauce general de la sensibilidad japonesa, y cuáles son sus expresiones alternativas o experimentales. O sea, que excepciones que nos permitan nuestras más extravagantes tesis siempre las va a haber de todos los gustos y colores. Por ejemplo, puede legítimamente defenderse el tono erótico del haiku:

川越えし女の脛に花藻かな
Kawa koeshi onna no hagi ni hanamo kana
Kitô

Al atravesar el río
en la pantorrilla de la mujer
una planta acuática florecida

Es más que probable que este de Kitô sea un haiku erótico. No tenemos razones contundentes para creerlo así, sino que tan solo contamos con indicios. La vista de una planta acuática sobre una pantorrilla de mujer no tendría por qué ser una imagen erótica. Pero en la sociedad del *haijin* lo es. No es una descripción más de las cosas del mundo. La asociación río-mujer-pantorrilla-flor-planta no esconde lo más mínimo la intención que le guía. El hecho mismo de arremangarse una mujer la ropa para cruzar el río, gesto que no se menciona, pero que se presupone previo al haiku, es puro erotismo. La mujer se arremanga la ropa, deja ver su pantorrilla y los pies (los pies son un fuerte tabú sexual en Oriente); luego, ella se moja, sus piernas relumbran con el agua y el Sol, y una flor de río se prende a una de ellas... E incluso podría ser que se hubiera producido en este haiku una de esas inconscientes proyecciones del poeta sobre su objeto poético que no están bien vistas en materia de haiku. Es posible que el poeta esté deseando ser como esa planta que está aferrada a la pantorrilla de la mujer. En Occidente, este podría pasar por un haiku más que describe una escena de la vida cotidiana; en el siglo XVIII esto es un haiku erótico.

El haiku erótico es tan inusual, que la mayor parte de los pocos que nos salen al paso acaban siendo haikus de otro tipo, o directamente *senryûs*. Por ejemplo, el que sigue de Kikaku tiene cierta intención erótica y antes de que haya conseguido finalizar ya ha cambiado de tono:

はるの夜の女とは我むすめ哉
Haru no yo no onna to wa waga musume kana
KIKAKU

Una noche de primavera,
una mujer…
¡Que resultó ser mi propia hija!

Nos quedamos considerándolo con calma: nada de la primavera, o de la noche, o de la naturaleza de la mujer consigue empapar la escena, ni siquiera al modo festivo y amable del haiku cómico. Es solo el equívoco sexual, la escena embarazosa, la sensualidad confusa, lo que queda de manifiesto. Estamos, pues, ante un *senryû*.

Asimismo, no son eróticos –en contra de la opinión de algunos especialistas hispanos en la materia– haikus en los que se habla del calor que tiene una mujer en verano con tanta ropa encima, o de los sofocos de calor que le entran a una mujer rodeada de hombres:

肌かくす女の肌のあつさ哉
Hada kakusu onna no hada no atsusa kana
SUTE-JO

Eso de esconder la piel:
La piel de la mujer,
¡con el calor que hace!

男ばかりの中に女暑さかな
Otoko bakari no naka ni onna no atsusa kana
KIKAKU

Tan solo hombres
y en medio una mujer,
¡con qué calor!

47. El aspecto amable y jovial del mundo tiene su lugar en el haiku

El haiku es por donde respira el alma de los japoneses, y todos los sentimientos que componen el espíritu humano le atañen. Además de haikus intimistas y haikus de compasión, existen algunos en los que el *haijin* muestra el mundo en su vis más cómica y amable. Sin llegar a ser *senryû*, porque el *haijin* no está distorsionando los hechos con su forma de contarlos, sino simplemente reflejándolos, ni *zappai* porque de verdad hay un suceso que motiva el poema, encontramos ejemplos como:

閼伽の掬かざしゆく鼠かな
Akadana no kiku kazashi yuku nezumi kana
TAKAMASA

Ahí va la ratoncita,
con su tocado de crisantemo
del altar budista

En el haiku cómico, lo que le ha sucedido al poeta, más que causarle un profundo impacto, le ha hecho sonreír. El *haijin* lo comunica y, cuando su sentido del humor coincide con el del lector, este a su vez sonríe. Aquí es donde toca ahora certificar el desfase brutal que hay entre lo que es gracioso en Japón y en España. En cualquier caso, se entiende que lo que el poeta nos cuenta ha sucedido de verdad. No es fruto de su imaginación ni de su simple intención de haceros reír:

十人が十色に寝たる暑さかな
Jûnin ga toiro ni netaru atsusa kana
JAKÛ

Dormían cada uno a su aire,
«diez hombres, diez colores».
¡El calor que hace!

En el ejemplo que hemos elegido, de Jakû, el *haijin* está ante una escena que le hace sonreír, y que consiste en una serie de gentes que –con el calor insoportable de la noche de verano– se han quedado dormidas cada una en una diferente postura, todas distintas. El calor saca a la luz la última fibra que tenemos de individualidad, y la individualidad en Japón es un verdadero motivo de risa.

No es frecuente que el *aware* del poeta tenga relación con lo cómica que haya podido resultarle una situación. Tan solo exceptuaríamos –entre los *haijin* clásicos, el caso de Issa– que presenta un número inusualmente abundante de este tipo de haikus. Por ejemplo, al ver el apareamiento desordenado de las ranas escribió:

むきむきに蛙のいとこはとこ哉
Mukimuki ni kawazu no itoko hatoko kana
ISSA

¡Ala! ¡Eso es![9]
Y luego las ranas que no sois primas,
sois primas lejanas

Tal vez porque el corazón de Issa se asemejaba al de un niño. Entre los que escriben los niños tenemos también un inagotable repertorio de este tipo de haikus:

つまずいてかわいいたけのこかおを出し
Tsumazuite kawaii take no ko kao o dashi
SANO KAZUKO

Me he tropezado con…
Un lindo brote de bambú
asomó su cara

El asunto que nos ha contado esta jovencísima poetisa parece más apropiado para un dibujo animado de *manga* japonés que para un texto de literatura. La niña se ha tropezado andando por el bosque y, cuando se vuelve desde el suelo para averiguar qué inadvertido obstáculo le ha hecho tropezar, nos dice que un brote de bambú asoma su cara, como mirándola de reojo, como diciendo: «yo no he sido», conteniendo a duras penas la risa que le provoca su ingenua fechoría. Para esta poetisa de siete años, el brote ha salido expresamente de la tierra para gastarle una broma, y no se esperaba que ella buscara en el suelo la causa de su tropiezo. Los adultos sabemos qué tiene que ser para nosotros el haiku porque sabemos cuánto necesitamos transformarnos gracias a él. Y los niños pueden hacer con el haiku lo que les venga en gana, que todo estará bien hecho.

48. El *haijin* trata de dinamitar la estética de lo bello

Incluso si lo que nos ha impactado es un motivo repugnante, el *haijin* se impone la tarea de que quede fijado en la memoria colectiva gracias a su haiku:

添乳寝の忘れ乳房に蝿まる
Soi-chi-ne no wasure chibusa ni hae tomaru
SÔJÔ

Madre e hijo dormidos…
En el pecho olvidado
se posa una mosca

Esto es lo que se llama un "haiku feísta". Cada haiku feísta es una nueva propuesta de cómo revolver el estómago al Japón tradicional. Conocemos haikus clásicos que mezclan la comida con los excrementos de un pajarillo (Bashô), el monje con sus necesidades fisiológicas mayores (Buson), una pintura del Buda con una caquita de pájaro (Buson), la flor con la orina (Issa), los mocos con las flores (Issa)…

夕顔の花で洟かむ娘かな
Yûgao no hana de hana kamu musume kana
ISSA

De su nariz a la flor del *yûgao*…
Sonándose al aire,
¡vaya con la niña..!

Santôka, un poeta del siglo XX, llega más lejos que nadie –al menos hasta donde nos consta– y decide asociar la impresión mística que despierta en el ser humano "las hojas caídas" con la necesidad fisiológica de "hacer caca":

木の葉ふるふる野糞する
Ko no ha furufuru noguso suru
SANTÔKA

El lento e incesante
caer de las hojas de los árboles
¡Hacer caca al aire libre!

En este haiku vemos cómo el poeta ha subido la apuesta contra las categorías más convencionales de la estética japonesa: un bello paisaje donde las hojas caen, con ese aire de *wabi-sabi* (nostálgica belleza) que evoca el otoño, es el lugar perfecto donde Santôka nos dice que está haciendo o que ha decidido depositar sus excrementos… No es un chiste; es algo que está ocurriendo. Todos tenemos que hacer nuestras necesidades, pero el hecho de decirlo… Decir que no es la necesidad de un estar contemplativo lo que en ese momento le despertó el lugar, sino las ganas de hacer caca, nos demuestra que para el *haijin* no hay unas acciones más elevadas que otras; que toda acción es perfecta en sí misma y nos lleva a trascender. Establecer jerarquías entre lo que existe, o entre lo que se hace, es propio del hombre que aún no ha comenzado a internarse en el mundo real. Desde fuera, pasivos, sin todavía *entrar en la realidad*, acostumbramos a hablar del mundo, diseccionarlo y proyectar sobre él clasificaciones completamente arbitrarias. Los que ya no son espectadores de la existencia, sino que *son la existencia*, no admiten las distinciones ontológicas entre los seres –el Buda, caca, Luna...–, como tampoco aceptan las diferencias de valor entre las acciones del ser humano –orinar, acariciar el pelo, rezar...

49. Un haiku en el que la Naturaleza no tiene que ser "buena"

Bastante inusual, pero perteneciente por derecho propio al universo del haiku, encontramos también algunos casos desde el siglo XIX de algo que podríamos denominar "haiku cruel": el que refleja un aspecto del mundo natural que al poeta le hace daño. No se trata –por parte del *haijin*– de resaltar que ha recibido el don de la compasión (que correspondería más bien a otra clase de haiku), sino de que se tiene esa mínima sensibilidad que le dificulta aceptar a veces lo que sucede en la Naturaleza. «La Naturaleza no tiene corazón» sería la conclusión, si el haiku nos permitiese sacar conclusiones; pero no nos lo permite. Nos dice: «Así son las cosas, habitúate a ello; no juzgues la Naturaleza por lo que no puedes comprender de ella o te hace daño. Por ejemplo, si el hecho de florecer le cuesta la vida a una flor y tienes que dolerte por ello, ¡duélete! Escribe, consuélate… y acostúmbrate»:

身を裂いて咲く朝顔のありにけり
Mi o saite saku asagao no ari ni keri
NOMURA TOSHIRÔ

De entre todos ellos,
uno de los *asagao* floreció
rompiendo su cuerpo

Este haiku contiene algo más que un juego de palabras entre *saku* ("florecer") y *saku* ("rasgarse", "romperse"). Lo que extraña al poeta (por el dolor que le causa) pertenece también a la esfera del asombro. Normalmente, la floración debe ser perfecta, como todo en la Naturaleza. Pero a veces, y más en el caso del *asagao*, que se abre todas las mañanas y se cierra todas las noches, puede haber algo que "salga mal". De entre las muchas flores moradas de *asagao*, una de ellas hoy ha florecido rompiéndose.

Podríamos citar más casos de estas pequeñas desconexiones entre lo que en la Naturaleza es normal y lo que hiere nuestra sensibilidad; recuerdo, por ejemplo, un haiku de Shiki en el que se cuenta cómo un perro muerto –inflado y podrido– va fluyendo río abajo. Lo significativo es que este tipo de haiku no se dé en el período clásico, tal vez porque la cercanía de la Naturaleza no había amanerado al ser humano. De hecho, incluso las acciones humanas que nos pueden parecer más duras –más sin corazón– eran parte de la Naturaleza. No había nada de cruel en que un *haijin* dijera que había matado a una serpiente antes de cruzar un campo, o que estaba viendo a alguien abandonar a un perrito para que muriera en mitad de la espesura:

名月にゑのころ捨つる下部哉
Meigetsu ni inukoro suteru shimobe kana
BUSON

¡Un criado
arrojando un cachorro
ante la Luna llena!

50. El haiku no está obligado a representar ninguna clase de valores morales

El haiku es una expresión libre, también en lo moral. Nada lo obliga más que su propia ley interna; como le ocurre al fuego o al agua. Y su única ley es reflejar fielmente el mundo tal como es, sin enjuiciarlo. A veces, los orientalistas adscritos a alguna religión o los predicadores de las espiritualidades que vienen de Oriente han querido atenazar el haiku dentro de las rígidas reglas de una estética que respondiera al orden de sus propios valores. Y han tenido que omitir o manipular haikus como:

蟻を殺す殺すつぎから出てくる
Ari o korosu korosu tsugi kara detekuru
SEISHI

Mato una hormiga.
Y, en cuanto sale la siguiente,
también la mato

El *haijin*, para ser parte del Todo, tiene que comportarse con naturalidad dentro de él. El autodominio emanado de las normas de la educación social, o de la conciencia de los propios actos que predican las religiones, es legítimo y admirable; pero nadie le pide al poeta de haiku la condición de santo. El *haijin* nunca podría sospechar que serlo le exija como coherencia el sacrificio de sí mismo en aras de una idea pseudo-oriental de armonía cósmica. El sí mismo deberá desaparecer a fuerza de placer, a base de dejar entrar el mundo en uno, no eliminándose de la realidad a la que se pertenece. Hay haikus en los que el poeta desearía talar un árbol para poder ver las lejanas montañas, o en los que se queja de lo ruidosas que son unas cigarras hasta el punto de escribirles un haiku-amenaza; o matando moscas le vienen unas terribles ganas de exterminarlas a todas de la faz de la Tierra... Sirva de ejemplo este haiku de Issa:

あばれ蚤我手にかかって成仏せよ
Abare nomi waga te kakate jôbutsu seyo
Issa

Pulga codiciosa
cogida con mi mano
¡conviértete en Buda!

«¡Conviértete en Buda!», le dice mientras la mata... No estamos ante una sensibilidad blanda que se presente siempre coherente, una propuesta moral concebida en el laboratorio de las ideas o las creencias, sino de seres humanos que pertenecen plenamente al mundo de lo material; hombres y mujeres que –como norma general– se mueven con delicadeza y respeto por el mundo, como si se les hubiera permitido usarlo sin que fuesen a poder nunca considerarlo suyo, pero en el que tampoco están como seres extraños, acomplejados. Cuando tienen que intervenir, actúan con la misma licencia con que lo hace el resto de la Naturaleza. Y, cuando tienen que decir que así lo han hecho o lo han querido hacer, no hay problema en que tome la forma de un haiku. Véase, por ejemplo, este haiku de Taigi:

犬を打つ石のさてなし冬の月
Inu o utsu ishi no satenashi fuyu no tsuki
Taigi

Ni una mala piedra
que tirarle al perro…
Luna de invierno

En este caso, el poeta, que no es un ente de razón sino un ser humano real, está buscando una piedra que tirarle a un perro que le molesta. Si nos liberamos del punto de vista religioso, nos daremos cuenta de que es parte de nuestra naturaleza perder los nervios y pretender hacer callar a un perro que nos incordia en plena noche, así sea tirando una piedra. Sobre todo, con la alta probabilidad que tenemos la mayoría de no atinar y hacerle el menor daño, sino simplemente con intención de asustarlo para que se calle. En este ejemplo de Taigi, sin embargo, la Luna actúa de freno al nerviosismo irreflexivo del poeta. Partiendo de lo prosaico, de lo extremadamente humano –demasiado humano– de salir a buscar una piedra para ahuyentar a un perro que no le deja conciliar el sueño, el haiku nos lleva a una preciosa Luna de invierno, que pasma al poeta y lo detiene, y lo interroga sin reproches. Va buscando una piedra y encuentra una Luna. Y una cosa es tan natural como la otra, sin heroísmos ni falsos méritos.

51. Pensar el mundo como tentación del "yo"

El ser humano es, para el japonés, esa realidad donde –en principio y si no se demuestra lo contrario– no se manifiesta lo sagrado; el mundo humano es lo que se desarrolla contra la santidad del mundo natural; y el pensamiento humano es aquello que jamás podrá capturar lo sagrado. No hay dudas respecto a esto en Japón; no hay titubeos. Un haiku que nos explique cómo es el mundo no es un haiku; es filosofía poética al modo de Chuang Tzu. El haiku es imagen, no reflexión. Por ejemplo, no es correcto el haiku que sigue, en el que claramente se hace un elogio de la pobreza del eremita, por bello y sugerente que nos parezca:

宿の春もなきこそ何もあれ
Yado no haru nanimo naki koso nanimo are
SÔDÔ

Primavera en la choza:
precisamente porque no hay nada,
allí hay todo

No puede transformarse una percepción en un pensamiento:

ひとすじの流るる汗も言葉なり
Hitosuji no nagaruru ase mo kotoba nari
TAKAHA SHUGYO

Incluso una gota de sudor
que se desliza mejilla abajo
es una forma de lenguaje

Dejemos el pensamiento para los momentos en que debe hacerse y por quien quiera hacerlo, y librémonos de la necesidad de enseñar al mundo lo que sabemos:

しばらくも残る物なし木々の色
Shibaraku mo nokoru mono nashi kigi no iro
SEIJU

Ni un momento
las cosas permanecen en su estado.
El color de los árboles.

El haiku ni puede ni quiere sostener las ideas del *haijin*:

ものの芽のあらはれ出でし大事かな
Mono no me no araware ideshi daiji kana
KYOSHI

Que los brotes de las cosas
salgan y aparezcan…
¡Es el fundamento de todo!

Todos los haikus citados carecen de fuerza poética por su evidente pretensión de comunicar ideas. El haiku filosófico se escuda en el hecho de haber recibido una impresión del exterior, pero lo cierto es que más que transmitirnos esa impresión en sí misma, lo que pretende el *haijin* es hacernos partícipes de lo que le ha hecho pensar. Cuando el poeta confecciona un haiku de esta clase, evidentemente, está sucumbiendo a la vanidad de que el lector llegue a sus mismas conclusiones; está queriendo transmitir ideas. Ideas que no pertenecen a la Naturaleza y, por tanto, no deberían aparecer en el haiku. A cambio de enseñarnos esas ideas, el *haijin* nos está robando parte de las impresiones que serían necesarias para acabar de visualizar la escena que motivó el haiku. En este caso, solo vemos los brotes, pero no sabemos ni de qué son, ni dónde estamos, ni en qué momento del día está ocurriendo el asombro.

El haiku filosófico es, desde el punto de vista de la esencia del haiku, una equivocación y hasta un engaño. Parece que hay una impresión natural, pero es falso:

遠山が目玉にうつるとんぼ哉
Tôyama ga medama ni utsuru tonbo kana
ISSA

Las distantes montañas
se reflejan en las pupilas
de la libélula

El *haijin* no está percibiendo lo que nos cuenta. Se lo inventa para hacernos pensar; en este caso, que lo infinito se agazapa en lo minúsculo. En este haiku, por ejemplo, no sabemos de qué color son las libélulas, ni de qué montañas se trata ni la hora del día ni el lugar, porque de lo que se trataba era de comunicar un pensamiento. El argumento de que el hombre y su modo de entender la realidad forman parte de ella es seductor para los occidentales, no para los japoneses, que tan solo caen en el haiku filosófico como en una tentación natural de su "yo", sin excusa posible.

Y no solo hay que prevenirse del haiku que contiene una filosofía o una ideología, sino, más aún, hay que evitar –dentro de lo posible– los haikus que, incluso no teniendo como intención comunicar ideas, hábilmente esgrimidos por intelectuales manipuladores, las puedan sostener. Esto ya es mucho más complicado. Habría que preguntar a Buson cómo se las ingenió para que las figuras emblemáticas de las religiones japonesas que le sucedieron en el tiempo no hicieran uso de sus textos en sus reflexiones o predicaciones. Tal vez si Bashô levantara la cabeza, sabiendo lo que luego se hizo con alguno de sus haikus, optara por no haberlos escrito nunca. Por bellos que fueran. Porque haciendo del haiku un género intelectualmente significativo corremos el peligro –mortal para el mundo de la poesía– de dejar de contemplar la realidad que trasparentan los haikus y pasar a ver simplemente el mundo de ideas que estén sosteniendo esas palabras.

52. El haiku carece de lectura simbólica

El haiku no es un jeroglífico. Hay quien cree que hay que situarse ante un haiku con el deber de averiguar su simbología oculta. Pero resulta que el haiku dice exactamente lo que quiere decir. Lo que hay que comprender es por qué eso que se dice –sin necesidad de una doble lectura– interesa al poeta. Barthes previene contra este mal hábito de la mente occidental de buscar la simbología de todo haiku:

> Si (Bashô) escribe: «Llego por el sendero de la montaña. / ¡Ah! ¡Esto es maravilloso! / ¡Una violeta!», es que ha encontrado a un ermitaño budista, "flor de virtud"; y así sucesivamente. Ni un rasgo que no sea investido por el comentarista occidental de una carga simbólica. [...] Bien entendido, si se renuncia a la metáfora o al silogismo, el comentario se haría imposible: hablar del haiku sería pura y simplemente repetirlo.[10]

Básicamente, la caricaturesca crítica de Barthes es certera: se han dicho muchas necedades en materia de haiku. Pero esto no quiere decir que el comentario sea imposible. En lógica de perogrullo: no es equivocado explicar un haiku, siempre que la explicación no sea equivocada. Lo que no se puede es utilizar la amplia gama de sugerencias que pone ante nuestros ojos la expresión oriental para proyectar nuestras propias imaginaciones, fantasías y cábalas, con la esperanza de que en materia de orientalismo todo valga.

Un haiku no es un jeroglífico. Los sucesos son lo que parece que son, lo que el poeta nos diga que son. Tras la lectura de un haiku no tiene sentido la pregunta "¿Esto qué significa?", sino "¿Qué nos está diciendo que ha sucedido?". El haiku está concebido para hacernos ver, oler, sentir...; no para hacernos comprender. Por ejemplo, si leemos:

挿貫を足でぬぐ夜や朧月
Sashinuki o ashi de nugu yo ya oboro-zuki
Buson

La Luna con su halo de niebla...
Esa noche me quité los pantalones
a golpe de piernas

La ropa no es un símbolo de nuestros apegos mundanales, el gesto del poeta no representa el desprendimiento en el camino místico, la Luna no es la imagen de la belleza inmaculada a la que aspiramos... La Luna es la Luna y el pantalón es el pantalón... El haiku dice lo que dice. Con la máxima claridad posible. No hay símbolo que valga en materia de haiku. El símbolo es un desprecio a la realidad. ¿Qué es *un* árbol? ¿Qué es *una* casa? Nada. No hay "un árbol", no hay "una casa". Las cosas son siempre de un modo único. Nada es arquetipo, todo es concreto en el mundo que nos rodea. Los universales de los filósofos son una infamia para el *haijin*. Por eso, el poeta nipón nunca quiso usar su palabra como filosofía.

El japonés, si es budista y de un tipo de budismo en particular, para producir en su lector una comprensión a nivel espiritual no usa el haiku, sino el *kôan*. Un haiku no es un *kôan*: no es una invitación a la comprensión del mundo. Un haiku no es un *kôan*: no está destinado a producirnos el *sa-*

tori (iluminación). Un haiku no es un *kôan*: no es una propuesta de abolición del pensamiento discursivo. El haiku es arte, acuarela, fotografía de la realidad, para que no se pierda ninguno de sus pequeños instantes. (A decir verdad, para que nosotros no nos los perdamos). Se trata de que atendamos al mundo, y no de que nos liberemos de la red de apariencias que confunden nuestra mente. Por todo ello, el haiku no es un *kôan*, no es la palabra cargada de intención de una conciencia diestra en hacer añicos nuestras quimeras mentales, sino un inocente dedo de niño señalando las cosas: «¡Mamá, mira!».

53. El haiku no es poesía Zen

La divulgación del haiku por gentes afines al Zen o por simples ignorantes ha extendido la idea de que «el *haiku* es *satori*», en célebre frase –castellana por poco– de Octavio Paz. *Satori* del verbo *satoru*: "comprender, despertar a la Realidad" en su forma negativa arcaica: *satoranu*. Sin embargo, el propio Bashô –el *haijin* que se toma como prototipo de "poeta Zen"– en uno de sus haikus concede la beatitud precisamente al ser humano "que no comprende" (*satoranu*) ante una manifestación de la Naturaleza:

稲妻にさとらぬ人の貴さよ
Inazuma ni satoranu hito no tôtosa yo
BASHÔ

¡Qué santidad
la del hombre que ante un relámpago
no despierta a la realidad!

El mundo que percibe el *haijin* es real. No hay que pensarlo, no hay que trascenderlo para llegar a una última y verdadera Realidad que se oculte tras él. Hay simplemente que mirarlo, que tocarlo, que olerlo, que estar en él, que dejarse conmover por él, por su belleza o su poder. Y comunicar lo que se siente. No para que alguien "despierte", sino para que se emocione. Nos hayamos en clave de percepción, no de comprensión. El haiku y el Zen corresponden a mentalidades que distan años luz en lo que se refiere a capacidad de abstracción... La realidad del *haijin* es la que percibe, mientras que la del budista Zen es el *Sunyata* (el Vacío), justamente lo que no se percibe, producto destilado de una de las más complejas metafísicas orientales.

Después de la lectura de un haiku no sabemos más del sentido que tiene la existencia. Porque en el haiku lo único que hay son cosas que están ahí, que existen, y la maravilla que es para el poeta ese sentir que las cosas existen. El *haijin* no comprende nada, ni antes ni después ni mientras hace su haiku. No hay una naturaleza verdadera y profunda –por poner algunos ejemplos– de "libelulidad" o de "montañeidad" que el poeta capte para hacer a esos seres –libélula o montaña– dignos de estar en su haiku. No hay otra realidad para el *haijin* que las cosas mismas, tal como son, tal como se perciben.

La mentalidad del *haijin* es la del hombre corriente japonés, sin más, que hace una poesía heredera de la sensibilidad primitiva del *Man'yô-shû*. Mientras que la mentalidad del budista Zen tiene a un metafísico en su base de la talla de Dôgen, y se remonta al Chan chino, heredero a su vez de filosofías profundas como la taoísta y la budista (en su segunda mutación). El modo de concebir el mundo del poeta de haiku y el de un budista Zen pertenece a formas diferentes de estar en el mundo. Eso no quiere decir que no haya habido grandes poetas de haiku que pertenecieran al Zen o a cualquier otra rama del budismo japonés; porque las religiones no pueden tanto como las culturas. Al menos en Japón. Los poetas de haiku que son monjes Zen se comportan ante el mundo con la naturalidad con la que lo hace cualquier otro japonés. Pero no confundamos las cosas: es por ser japonés y no por ser monjes budistas por lo que escriben sus haikus. Todo lo más: es por ser monjes budistas por lo que tienen más tiempo que la media de japoneses para escribir haikus.

54. El haiku no puede servir para hacer proselitismo

Si en algún momento un *haijin* que sea monje budista –que son los que más han incurrido en este defecto– deja que las creencias entren en sus haikus, esto solo puede ser considerado una debilidad del *haijin*, en ningún caso un modelo que hay que imitar:

盛りなる花にも絶えぬ念仏かな
Sakari naru hana ni mo taenu nembutsu kana
ONITSURA

Llega a su punto de máxima belleza,
como lo hace la flor del cerezo,
¡la invocación al Buda!

La floración del cerezo comparada con la invocación al Buda, como si no fuera posible de ninguna otra forma hablar de su plenitud. Las referencias que realmente importan se nos desdibujan, el mundo deja de ser como es y se ve impregnado de realidades que no tienen sentido más allá de la práctica de los creyentes. Nada es lo que parece, las olas no son simplemente olas:

波音のお念仏がきこえる
Namioto no onembutsu ga kikoeru
SANTÔKA

En el sonido de las olas
se oyen
las invocaciones al Buda

Las criaturas pasan a emocionarnos más porque están en sintonía con nuestro modo de reconocernos como creyentes que por sí mismas. Esto es proselitismo encubierto. Y si ya de por sí el proselitismo está desacreditado en la sociedad japonesa, en materia de haiku es simplemente un signo de mal gusto. Así es como acabamos generando haikus que no sabemos ni de qué están hablando:

如来出て掌に受け給ふ枝垂梅
Nyorai dete te ni uketamau shidareume
SEISHI

El mismísimo Buda emerge
para recibir en sus manos
las flores de un ciruelo-llorón

No reflejan la realidad exterior sino nuestra realidad interior, esa de la que dijimos al principio del *haiku-dô* que queríamos desprendernos (ideas, sentimientos, creencias):

夕焼けて西の十万億土透く
Yûyakete nishi no jûmanokudo suku
SEISHI

Al ponerse el Sol,
se transparenta
el Paraíso del Oeste

Este haiku –como los anteriores– no es bueno porque responde a una percepción que es mentira. Al ponerse el Sol no se transparenta el Paraíso del Oeste ni ningún otro Paraíso de esos de los que hablan las religiones. Lo único que se transparenta, mires por donde mires, es este mundo como Paraíso.

55. El haiku lleva a su límite el espíritu de *shasei*

El haiku es puro espíritu de *shasei* (写生). *Shasei* significa "reflejo de la vida". Sin embargo, su territorio último –más allá de lo que parece estar vivo– son las meras cosas materiales. Existe una parte importante de la producción del haiku en la que, normalmente, se plasma, sin el menor asombro "religioso", algún aspecto del mundo humano. Un haiku de este tipo –al que hemos denominado "meramente descriptivo"– sería, por ejemplo, este de Santôka:

旅のかきおき書きかへておく
Tabi no kakioki kakikaete oku
SANTÔKA

Los apuntes de un viaje,
con sus tachones,
como los dejé

Pero no nos confundamos: "descriptivo" no quiere decir necesariamente carente de fuerza poética. Véase, por ejemplo, un haiku descriptivo que posee una tremenda expresividad:

雪折れや昔にかえる笠の骨
Yuki-ore ya mukashi ni kaeru kasa no hone
SHÔI

Hecho pedazos por la nieve,
ha vuelto a ser como antes:
el esqueleto del paraguas

Normalmente, el motivo poético de este tipo de haikus son objetos materiales, cosas construidas por el ser humano. Solo excepcionalmente tratan de algún asunto natural y, si lo hacen, en ellos no hay asombro, sino curiosidad, extrañeza o cualquier sentimiento que no nos trastorna por completo. Por ejemplo:

動くかと竹を見て居る暑哉
Ugoku ka to take o mite iru atsusa kana
GENSHI

«¿Se mueve o no?»,
mientras mirábamos el bambú...
¡Vaya calor que hace!

En este caso es un haiku "meramente descriptivo" porque carece por completo de asombro místico: en la desesperación de un día de verano, los integrantes de la escena miran el bambudal cercano por ver si hay en él signos de que se levante la más leve brisa. El bambú es una planta que se cimbrea con facilidad a poco aire que haya. Es todo un espectáculo para los espíritus sensibles al arrebato ver las masas de follaje de bambú cuando hay viento, con sus movimientos ondulantes que hechizan al que los contempla. Pero ahora no nos referimos a ninguna clase de asombro que nos lleve a trascender, sino al asombro por el calor que puede llegar a soportar el ser humano. Ese calor húmedo y asfixiante de Japón que nos obliga en sus peores momentos a mirar el bambú, buscando alivio, para que nos haga saber –unos instantes antes de que llegue a nosotros– si vendrá a socorrernos un soplo de aire.

PARTE III:

EL HAIKU COMO EXPRESIÓN DE LO SAGRADO

56. El haiku es esencialmente la expresión de lo sagrado

En el haiku se contiene lo sagrado según la percepción que de ello tiene el Japón tradicional. Lo sagrado nos llega a través del haiku como esos momentos del desenvolverse de la existencia que nos obligan a reconocerlos, a claudicar ante ellos. El *haijin* reproduce fielmente el mundo para capturar su principio vital, aquello que lo organiza internamente y lo sostiene. Eso que hace que los seres existan y que actúen según lo que les es propio.

夕影や流れにひたすとんぼの尾
Yû-kage ya nagare ni hitasu tonbô no o
SHÔHAKU

Su silueta al atardecer –
La libélula moja su cola
en el agua que fluye

Es simplemente el conocido gesto de la puesta de huevos dentro del agua de una libélula. Este haiku nos muestra una figura de insecto arqueándose en un arroyo al atardecer. Y, sin embargo, y sin embargo…, nos quedamos mudos porque alguien lo haya dicho, porque eso haya sido mencionado. Como si la sola mención de los eventos supusiera su entrada en la eternidad.

Así, sin más, este haiku compuesto por tres nombres comunes, dos verbos y tres partículas, forma una red de palabras en las que queda atrapado "lo sagrado". Lo sagrado no es un objeto; no hay objetividad en qué sea lo sagrado: lo sagrado es cualquier cosa que se nos muestre a cada uno de nosotros como tal, impactante, sin duda, como una fuerte impresión a la que no podemos permanecer ajenos.

57. Sin hacer nada especial cada criatura tiene cabida en el haiku

Sin hacer nada sucede el mundo. Los seres despliegan sus potencialidades sin necesidad de nada especial. El ser humano lo sabe:

あるがまま雑草として芽をふく
Aru ga mama zassô to shite me o fuku
SANTÔKA

Así, tal cual,
como hierbas que son,
los brotes se abren

Literalmente, *aru ga mama*, «tal cual, tal como puede verse, así mismo, sin que tenga que pasar nada especial, con solo darle tiempo al tiempo»; *zassô to shite*, «asumiendo la condición de hierbajos, en tanto que son hierbajos»; *me o fuku*, «nacen los brotes». En una cultura donde no hay un Dios Creador, donde todo es originado por la energía que recorre el universo, un haiku como este está impregnado de sentido.

Los seres están ahí y su mero estar hace que vayan ahondando sus raíces en la existencia:

けふの日も棒ふり虫よ翌も又
Kyô no hi mo bôfurimushi yo asu mo mata
Issa

Oh, larva de mosquito,
por todo el día de hoy
y también el de mañana

Una larva no es un ser de la Naturaleza cuya acción o belleza nos deje perplejos, no. No es su acción –casi nula– la que justifica su presencia en el haiku. Porque esa criatura no "hace" nada especial. Simplemente está ahí, un día y otro, al azar, perdida o en su sitio, abandonada o cumpliendo su función en nuestro extraordinario mundo (dependiendo del modo en que entendamos el universo). Para nosotros, este ser llamado "larva" tiene una misión compleja, la de ir dejando poco a poco de ser algo que parece una *cosa inerte* para convertirse en un *ser dotado de movimiento*. Y eso es más que suficiente para colocarlo en el justo centro de un haiku, en el exacto corazón de la vida.

Asimismo, sin hacer nada especial somos testigos de la maravilla:

たゞ居れば居るとて雪のふりにけり
Tada oreba oru tote yuki no furi ni keri
Issa

Simplemente estando,
quedándome en ese estar,
caía la nieve

El *wu-wei*, el "no-hacer" del taoísmo, no es la quietud Zen, es permitir a las cosas que sean; es no cortar los vínculos que hay cuando tú estás. Es actuar sin que tu acción vulnere la armonía en la que se te ha instalado.

58. Lo que simplemente existe es motivo de asombro

Una larva que flota apenas "hace nada", unas hierbas que florecen así tal cual apenas "hacen nada", un poeta que contempla sin hacer nada cómo cae la nieve, y todos ellos entran en el haiku por la puerta de lo sagrado. Pero aún hay criaturas que hacen menos. Hay seres de quienes lo único que puede decirse es que *existen*. Por ejemplo, la espuma de los cangrejos:

みじか夜や芦間流るる蟹の泡
Mijikayo ya ashi-ma nagaruru kani no awa
BUSON

Noche corta de verano –
Entre los juncos, fluyendo,
la espuma de los cangrejos

Cuando se trata de plasmar el asombro por lo que simplemente existe nos encontramos con haikus de una enorme complejidad, porque son difíciles de "ver" cuando suceden y difíciles de apreciar cuando se leen. En ellos, literalmente, no está ocurriendo nada ni hay nadie en ellos, y sin embargo tienen en sí mismos esa potencia creadora que lleva todo de la nada a la existencia.

Ya en su día, esta dificultad y hermosura no pasaron desapercibidas al primer gran poeta de haiku, a Bashô, cuando su discípulo Bonchô le leyó dos versos que había escrito:

雪つむ上の夜の雨
Yuki tsumu ue no yoru no ame
BONCHÔ

La lluvia nocturna
sobre los montones de nieve

La historia de la confección de este haiku, según nos cuenta el *Kyoraishô* (diálogos de Bashô con su discípulo Kyorai),[11] resalta hasta qué punto al propio Bashô le pareció un haiku magistral: Bonchô escribió los que podrían ser el segundo y tercer verso, pero no supo encontrar el primero. El resto de los discípulos ensayaron sin fortuna. El propio maestro fue el que compuso el duro primer verso con el que ha pasado a la historia: *Shimogyô ya* (traducible por "En Shimogyô" o "Shimogyô", un tranquilo barrio de Kyôto). Pero, siendo consciente de que este verso no estaba a la altura del resto del haiku, Bashô dijo algo definitivo: «Bonchô, ¿por qué no estudias un mejor primer verso? Si lo consigues, nunca más escribiré haikus». Tal era la perfección que para el maestro tenía lo que había concebido Bonchô.

Así fue como quedó finalmente:

下京や雪つむ上の夜の雨
Shimogyô ya yuki tsumu ue no yoru no ame
Bonchô

Barrio de *Shimogyô* –
La lluvia nocturna
sobre los montones de nieve

Este haiku no da la impresión de haber captado nada sagrado del mundo. Aparentemente no es más que una mera descripción. Y, si lo pensamos bien, el asunto es menos simple de lo que parece. La única pretensión del *haijin* al escribirlo –en caso de que tuviera alguna– fue contribuir a conservar el mundo tal como es. El del *haijin* es un modo religioso de estar en esta vida porque trata con su palabra, con su testimonio, con su esfuerzo, de reafirmar a las criaturas en la existencia. El poeta percibe a cada ser manifestándose con su propia manera de ser –la nieve amontonándose, la lluvia noctura penetrando invisible en la nieve e inapreciablemente fundiéndola...–; esto no es ni un prodigio ni algo extraordinario. Es tan solo un aspecto tan necesario del mundo como la ley que rige la fuerza de gravedad, la exactitud de las órbitas planetarias o el despertar de la vida en primavera. No la nieve, no la lluvia, ni siquiera el propio asombro del poeta, sino el mundo –ni más ni menos que el mundo– es lo sagrado para estos místicos que tratan de usar 17 sílabas para expresarse. No habría emoción ante la nieve que se apila, ni asombraría que la lluvia nocturna entrase en ella, si no fuera por la absoluta convicción que despierta en el poeta el hecho de que «Nada hay incompleto en este mundo», de que vivimos «en el mejor de los mundos posibles».[12]

59. El modo de estar de las cosas es motivo de asombro

El hecho simple y sobrio de la nieve apilada sobre la que cae la lluvia nos ha hecho descalzarnos en un espacio sagrado. Nuestra intención es quedarnos en él eternamente, eso decimos, aunque sabemos que no podremos conservar mucho tiempo nuestro estado de gracia. Solo lograremos volver a él cuando se produzca de nuevo el *aware*. Y lo esperamos. Ya hemos sabido ver lo sagrado en el mero "¡Eso está *ahí*!"; accedamos ahora a otra de sus estancias con el "¡Eso está *así*!":

初雪や波のとどかぬ岩の上
Hatsu-yuki ya nami no todokanu iwa no ue
TANTAN

Sobre la roca –
La primera nieve caída
inalcanzable por las olas

Comenta Blyth este haiku diciendo:

> De color gris, el cielo y el mar; negra la roca que baña las olas; blanca la fina capa de nieve sobre ella. Esto es todo, pero ¡cuánto del universo se nos está dando aquí![13]

Y lo deja así, sin más explicación. Y es que a estas alturas debemos haber comprendido que de lo que estamos hablando no siempre va a poder analizarse o comprenderse, y mucho menos demostrarse, y que la palabra del que pretende explicar tiene un límite. Y, tras ese límite, debe desaparecer y dejar al silencio haciendo su trabajo.

60. Al *haijin* le asombra el paso del tiempo sobre los seres

Aun refiriéndonos a seres inertes (sin vida ni movimiento), el simple paso del tiempo marca una acción sobre ellos en la que descubrimos la energía dinamizadora de lo sagrado. El haiku clásico y el haiku contemporáneo han dado cuenta de ello:

固くなる目白の糞や冬近し
Kataku naru mejiro no fun ya fuyu chikashi
SAISEI

Se va endureciendo
el excremento del pájaro *mejiro* –
Aproximándose el invierno

Este haiku está escrito en el siglo XX y, sin embargo, es perfectamente "clásico" en su factura y en la cosmovisión que nos ofrece. Esto es habitual: del haiku que se escribe en nuestros días, un 90% sigue siendo de factura clásica. En este caso, en tono feísta, se nos muestra una caca de pájaro que se va secando a medida que pasa el tiempo, y de nuevo intuimos que está saliendo a la luz algo de lo sagrado. En este caso, lo que puede herir la sensibilidad no es tanto la escena, con la que los japoneses están familiarizados, como la pretensión de que sea precisamente algo tan vulgar lo que trasparente lo sagrado. Se trataría del asombro religioso por lo que existe llevado a unos límites que la religiosidad tradicional de Occidente apenas puede concebir… ¡hablando de excrementos! Para la mente oriental, lo sagrado solo puede existir en el tiempo. El hecho de que el objeto poético en que se haya centrado el *haijin* –una caca de pájaro– esté ahí hoy y estuviera ayer y anteayer (y ni se sabe desde hace cuándo) llama suficientemente la atención del poeta como para escribir su haiku. La sencillez con que se expresa revela que en su opinión ese excremento al que afecta el paso del tiempo no tiene menos razón de ser que él mismo.

61. A veces el asombro por lo que existe entremezcla criaturas naturales y objetos fabricados

¿Y las cosas fabricadas por el ser humano, los objetos materiales? ¿Estarán también en lo sagrado y, de alguna manera, dejándolo traslucir? Sí, al menos cuando en estos el *haijin* sea capaz de captar alguna relación de ellos con la Naturaleza. Buson, por ejemplo, en el haiku que sigue, se atreve con un haiku que habla de una "pelota de mano" (*te-mari*) y quiere arrastrarnos con él al límite de lo que puede sentir un objeto y nosotros con él:

春雨にぬれつつ屋根の毬かな
Harusame ni nuretsutsu yane no temari kana
BUSON

Empapándose en el tejado
con la lluvia de primavera,
¡una pelota de mano!

Existe solo lo que es percibido. Una pelota embarcada en un tejado, mimetizada con él por el polvo y la suciedad, solo vuelve a la vida cuando la lluvia limpia sus vivos colores y de nuevo se hace visible. Además, con solo observar el ideograma de la palabra *temari* ("pelota de mano") comprendemos que el poeta vive en una época en que todo está fabricado con elementos orgánicos (piel, arroz, crisantemo...), y que ningún objeto es tan completamente "artificial" como para no sentir la lluvia de primavera. Aquello de lo que la pelota está compuesta despierta al roce de la lluvia cálida de primavera que va empapándola.

Y, puesto que se nos está hablando de lluvia, no podemos olvidar, para acabar de comprender este haiku de Buson, la naturaleza sagrada del agua en la tradición japonesa. Tal como fue bellamente expresado en un haiku del mismo Buson:

一口に足らぬ清水の尊さよ
Hitokuchi ni taranu shimizu no tôtosa yo
BUSON

No daría ni para un buche,
agua limpia y clara, y sin embargo...
¡qué cosa tan sagrada!

62. Se puede hablar de lo sagrado reflejando el mundo humano

Hemos explicado que lo sagrado para el japonés está en –o es– la Naturaleza y que, por eso mismo, no lo es el mundo de los seres humanos. El japonés cree que el ser humano ha construido su mundo con el permiso de los *kami* como un lugar donde ellos no están continuamente manifestándose. Esa es la razón de que en el haiku los asuntos humanos (*jinji*) no acierten a manifestar el principio divino que sustenta la realidad. Pero hay excepciones:

夜神楽や鼻息しろき面のうら
Yo-kagura ya hanaiki shiroki men no ura
KIKAKU

La Festividad del Kagura,
en la noche: alientos blancos
tras las máscaras

La cuestión no es si Kikaku lo concibió o no como un haiku de lo sagrado, sino si real y efectivamente, al ser escrito, nos abre a una dimensión interior de la existencia o se queda en la pura frivolidad de celebrar un encuentro humano divertido. Lo cierto es que la posibilidad de sugerencia de un haiku bien hecho supera las intenciones del poeta que lo ha escrito. Un *haijin* poco profundo,[14] gracias a la forma de vehicular la impresión que tiene el haiku, es capaz de concebir un poema que pueda entenderse en un sentido más profundo. A veces, el haiku se le va de las manos al autor; le excede con mucho, como si más que obra suya, la poesía se hubiera servido del poeta para llegar a ser. Vuelve a ocurrirle a Kikaku en:

うき舟の涼しき中へかにの甲
Uki-fune no suzushiki naka e kani no kô
KIKAKU

Al interior frío
del barco,
el caparazón del cangrejo

Este haiku es hermoso, pero la explicación de las condiciones en que fue concebido este haiku decepcionará al lector. Es simplemente un haiku que celebra un atracón de cangrejos. Si con este motivo, el poeta hubiera podido explicarse más, es decir, si hubiera utilizado otra estrofa más larga o una expresión más explícita, probablemente el poema sería de una vulgaridad estremecedora.

63. Y se puede hablar del mundo humano sin reflejar lo sagrado

La poesía china acostumbraba –con muy pocas excepciones– a hablar de un sentimiento amoroso enmarcado en la Naturaleza. Al llegar a Japón se perpetúa esta tradición, pero observamos que aparecen ciertos asombros puros por la Naturaleza, es decir, asombros sin referencia alguna al amor. Más de un centenar de poemas de este tipo pueden leerse en la más primitiva antología de poesía japonesa, el *Man'yô-shû* (acabado de compilar en el siglo VIII d.C.). Cuando Bashô llega al mundo, los sentimientos humanos –siempre enmarcados en la Naturaleza– se habían vuelto a apoderar de la poesía por completo, en la forma estrófica del *tanka*. Bashô aprovecha un género poético menor que acababa de nacer y que solo se refería a la Naturaleza, el *haikai*, como herramienta para lograr sus propósitos: crear una forma de expresión que refleje el sentimiento profundo que la Naturaleza despierta en el japonés. Por tanto, el haiku nace como una poesía "de lo sagrado". Sin embargo, no toda la producción del haiku está dedicada a ello. Como ya sabemos, al menos, la mitad de la producción del haiku no refleja el asombro por lo sagrado. Normalmente cuando nos referimos a sucesos y gestos que se desarrollan en el mundo humano, el *haijin* no siente que haya nada "sagrado" en ellos, pero le es perfectamente legítimo enmarcarlos en la Naturaleza:

花すすき行方も知れぬ二十歳妻
Hanasusuki yukue mo shirenu hatachizuma
Nishiguchi Sachiko

Susuki en flor –
La esposa, con veinte años,
y desaparecida[15]

また一戸離村の噂桐の花
Mata ikko rison no uwasa kiri no hana
Nishiguchi Sachiko

Dicen que otra familia
deja el pueblo.
Paulonia en flor

百日紅離婚届を代筆す
Sarusuberi rikkontodoke o daihitsu su
Nishiguchi Sachiko

Sarusuberi florecido.
Le escribo a alguien
una solicitud de divorcio[16]

Que el haiku deba su prestigio nacional e internacional al reflejo de lo sagrado en él no quiere decir que no puedan y deban escribirse toda otra serie de haikus que acaban de dibujar el mural de las emociones del ser humano, excluyendo el amor, por la sola razón de que ya se enseñoreó por completo del *tanka*, y el erotismo que hizo del *senryû* su modo de expresión.

64. Lo que no ocurre es también motivo de asombro

Lo que ocurre es sagrado y lo que "no ocurre" también es sagrado. Es posible que "lo que no ocurre" sea uno de los asombros del *haijin* que más nos desconcierte y nos enseñe acerca del sentido último del haiku. En las antologías de haiku hay cientos de ejemplos de este tipo:

一羽来て啼かない鳥である
Ichiwa kite nakanai tori dearu
SANTÔKA

Viene un ave...
Es un pájaro que no canta...

"Lo que no ocurre" actúa a modo de cerco de inexistencia para potenciar lo que acontece. El ser limita necesariamente con la nada. Sin silencios no hay música; sin blanco no hay letras. La rueda, la ventana, el vaso –nos dirá Lao Tsé– deben su utilidad a lo que no tienen. El mundo es igual: "lo que no ocurre" hace que lo que sucede, suceda más; ya sea por resultar más significativo o por poder ser mejor percibido.

ひぐらしのふいと一聲月夜かな
Higurashi no fui to hitokoe tsukiyo kana
Hajin

Una cigarra inesperadamente
chirría una vez…
¡Qué noche de Luna!

Esa cigarra, esa noche, una vez. Antes y después, el silencio; y algo que llevó "de repente" a la cigarra a cantar, una sola vez. No sabemos por qué. En realidad, para los poetas, la pregunta del porqué no tiene sentido. El asombro no es una excusa para el pensamiento. El asombro es un pozo en el que cae el corazón sin por qué. Un corazón que desde entonces no cejará hasta desarticular todos los porqués.

Los haikus de "lo que no ocurre" responden, a nuestro juicio, a un sentido altamente patético de la realidad que tiene el japonés. Para la sensibilidad nipona, cada evento, cada gesto, cada vida, cada existencia debe responsabilizarse de todas aquellas alternativas que por su causa no llegaron a materializarse. Existir es haber sido escogido. Por eso se vive con el *sumimasen* ("perdón") en la boca y con el *dômo arigatô gozaimashita* ("gracias") en el corazón. Efectivamente, nada hay que no sea un milagro. Pero existir es ser maravilloso porque no es fruto del azar, sino de una elección: la maravilla ha costado un sinnúmero de muertes de todo aquello que no llegó a ser. Toda hierofanía oculta una tragedia.

Sería un completo error considerar que el mundo es solo lo que acontece. Si fuera así, carecería de profundidad, de contrastes, de sombras, de valor. Sería un mundo plano, sin niveles, sin perspectiva… El mundo es lo que ocurre y esa infinitud de posibilidades de lo que no ha llegado a suceder que acompañan al evento –fiel, dulce, silenciosamente– desde su universo fantasmal de inexistencia. Por eso, el mundo es tan maravillosamente extraño en su manifestación; porque cada evidencia trae a cuestas los cadáveres de mil millones de posibilidades que nunca fueron. Y por eso también lo que no acontece es sagrado, porque es el magma del que emana la existencia, y sin él nada sería posible.

Hemos explicado que *lo que no sucede* es sagrado, pero deberíamos haber dicho que *lo que todavía no ha sucedido* es sagrado. Porque el destino de los seres pertenece al futuro, y el futuro no existe. El poeta está en presente. Solo puede saberse lo que ha sido –o no– hasta ahora:

春雨や蛙の腹はまだぬれず
Harusame ya kawazu no hara no mada nurezu
BUSON

La lluvia de primavera –
Todavía no se ha mojado
la barriga de la rana

En este caso, la mirada de Buson se ha centrado en una rana que bajo la lluvia –lluvia cálida de primavera– todavía no se ha mojado la barriga. Una percepción mínima proyectada sobre un objeto poético cualquiera: una rana no es la Luna llena ni es el cerezo en flor; una rana es cualquier cosa. Pero incluso una rana esconde una infinidad de haikus para el que sabe contemplar. Cómo Buson ha conseguido ver por dónde la rana aún no se ha mojado es un misterio; uno de esos misterios del camino del *haijin* a los que nunca vamos a acabar de acostumbrarnos.

Es asombroso, desde el punto de vista literario, que todo el peso del haiku descanse sobre una partícula: *mada* (que en este caso se traduce como: "todavía no"). "Todavía no" presupone una atención a que la acción se complete. Y gracias a este "todavía no", el poeta consigue salvar para el presente todo lo que al presente le pertenece: Llueve, una rana está bajo la lluvia, lluvia de primavera, se moja, pero... aún no está empapada por completo en ella. Es ahí donde encontramos agazapado el haiku. Ese asombro que comenzó siendo «una rana mojándose bajo la lluvia de primavera...» y que, finalmente, logra ser un haiku magistral gracias a algo que se va descubriendo a medida que va terminándose de cuajar el poema: ese "todavía no".

Fácilmente podrá comprenderse por qué si nos preguntan «¿qué es el haiku japonés?», respondemos sin titubear: «El haiku japonés es lo que escribía Buson».

PARTE IV:

Secretos del haiku bien construido

65. Hay haikus que se construyen en torno a un eje

Todo haiku tiene un corazón. Hay tan solo que pegar el oído interno, y ver qué término de los que se usan en el haiku late con más fuerza. Este corazón a veces es una palabra que se sitúa –a modo de eje– en el verso central del haiku:

死病えて爪うつくしき火桶かな
Shibyô ete tsume utsukushiki hioke kana
RYÛNOSUKE

Está enferma de muerte…
¡Qué hermosas sus uñas,
sentada al brasero!

Los elementos que conforman este haiku son: una mujer, una enfermedad mortal, unas uñas hermosas y un brasero. Pero el eje que hace girar todos los elementos en torno a sí son "las uñas" (*tsume*).

Al poeta le ha llamado la atención la hermosura de las uñas de una mujer que ha contraído una enfermedad mortal. Seguramente es de su familia, pues de lo contrario no emplearía el verbo *eru* (que normalmente se usa para "lograr, conseguir, ganar" y solo cuando se lo atribuye uno a sí mismo o a su entorno familiar para algo como "conseguir ponerse enfermo"). Es posible que sea su propia esposa, a la que sigue viendo hermosa ("sus lindas uñas") aunque no falte demasiado para el fatal encuentro con la muerte.

He aquí la naturaleza oculta de este haiku: aparentemente es un poema dedicado a las uñas hermosas de una mujer que va a morir. Analizado en profundidad, es un haiku de alguien que ama y sufre por la muerte próxima de su ser amado. Este haiku está trenzado con amor y angustia... ¿Y de qué nos habla? ¡De uñas!

Alguien que no amara tal vez se hubiese fijado en cualquier signo de decadencia de los muchos que preceden a la fatal enemiga de la vida. Consciente de la proximidad de la muerte –en una cultura de herencia shintoísta como la japonesa–, quizá ni siquiera un poeta habría sido capaz de ver la belleza, si no fuera por amor.

Hay, además de esa mirada amorosa que hace bellas las cosas (y que se centra en unas uñas de mujer), muchos componentes que dan fuerza y consistencia a este haiku: por ejemplo, un sentimiento de lo frágil que es la vida. La vida, que consigue adoptar formas que nos cautivan, y que –hasta su último instante de ser vida– va a querer aferrarse a su belleza: esa mujer está enferma, mortalmente enferma, y quizá todo su cuerpo está consumido y nada de hermosura queda en él... excepto las uñas.

Y se refugia junto al brasero. El frío se va apoderando del cuerpo de ella, como se apodera de la Naturaleza en el invierno, y va cercando por fuera y por dentro a esta criatura moribunda. El calor que la anima va mitigándose en su interior; suple la falta de calor vital con un brasero... A nosotros

–los seres humanos– nos simpatiza la fragilidad, pero no a la Naturaleza, que no tiene piedad con sus criaturas. También la belleza está destinada a la muerte. También el amor está destinado al dolor de la separación…

Una mujer enferma de muerte, unas hermosas uñas, un brasero. Y tras estas 17 sílabas, una muerte sobria, sin literatura. Nada más. La vida continúa sin darnos la menor posibilidad de detenerla con nuestro juicio de aprobación o desaprobación.

Pongamos un segundo ejemplo. En el haiku anterior, el "eje" eran las uñas. En este haiku que sigue, el tema es la muerte de una madre y todo gira alrededor del sudor. ¿Por qué situar como "eje" de haikus de tono trágico elementos tan prosaicos como las uñas o el sudor? Porque los *haijin* saben bien que si algo puede vulgarizar el haiku es la falta de pudor al expresar nuestros sentimientos en él:

今生の汗が消えゆくお母さん
Konjô no ase ga kieyuku okâsan
KOGA MARIKO

Mi madre,
en la que va desapareciendo
el sudor de este mundo

Observamos la aparente frialdad con que la poetisa nos dice que acaba de morírsele su madre. Podría haber certificado poéticamente la muerte de innumerables modos más hermosos que este, pues infinitos son los signos de la vida. Pero ha elegido el que más dice de las últimas horas de sufrimiento, empapadas en fiebre delirante, de su madre. "Cesó de sudar" es tanto como decir "cesó de sufrir". Tras las últimas horas de agonía, Mariko siente: «Ya ha dejado de sudar, como sudan las criaturas de este mundo»; y lo escribe con la forma de un haiku.

Hay también un cierto juego poético –por llamarlo de algún modo– entre lo que está y lo que no está: el sudor de la madre no está (aunque se mencione en el haiku), la poetisa sí está (aunque no se incluya a sí misma en él). No está la madre, aunque la apariencia de su cuerpo quiera hacernos creer lo contrario; está la muerte, aunque no sea una realidad visible. Vemos cómo, en este caso, la muerte es para el *haijin* una presencia real, algo que está ante él y provoca el haiku, no una idea ni un miedo abstracto. Una presencia que, como todas las presencias, tiene sus efectos. Uno de ellos es que el cadáver deje de sudar. En este caso, una ausencia (el sudor) revela una presencia (la muerte). La muerte es suceso porque se nos hace presente, y, en tanto que suceso, debía aparecer en el mundo del haiku.

66. Hay que tener en cuenta el orden de presentación de los objetos poéticos

Hemos dicho ya que un haiku es una instantánea de la realidad. "Lo fundamental" del momento que logra capturar la fotografía, la pintura o la acuarela, lo capta el haiku. Pero, además, en sus reducidos límites, el haiku puede narrar cómo el poeta va sumergiéndose en la escena, cómo va penetrando en el asombro. De ahí la importancia del orden de aparición de las palabras en japonés (cosa que no siempre puede conservarse en la traducción, aunque en todo caso debería intentarse). Porque el haiku es una impresión en dos o tres trazos que tienen un orden en su ejecución y que, así concebidos y no de ninguna otra forma, reproducen fielmente un momento del mundo, tal como sucedió.

Obsérvese, por ejemplo, cómo Bashô va contándonos su asombro:

雪間より薄紫の芽独活哉
Yuki-ma yori usu-murasaki no me-udo kana
BASHÔ

Nieve-intervalo / desde
leve-morado / de
brote-"u"-flor / ¡!

Lo primero en verse es la nieve (hay nieve o está nevando), y esa es la primera palabra con que nos encontramos (*yuki*). En segundo lugar, el poeta se da cuenta de que hay espacios donde la nieve se ha derretido o tiempos en los que se ha detenido (*ma*); esta palabra (*ma*) a pesar de su carácter abstracto espacio-temporal, sin embargo, cumple una función muy concreta (en este caso, *yuki-ma*: "donde o cuándo no hay nieve o no nieva"). Nos hace esperar un poco el poeta hasta decirnos qué es lo que hay en los espacios o tiempos en los que no hay nieve, y usa la partícula *yori* ("a partir de ahí"). Continúa describiéndonos lo que ve, y hace referencia a un color, sin decirnos el porqué de ese color o a qué corresponde (*usu-murasaki*): leve color morado. El objeto de su asombro va a llegar solo al término de este, con el suspense poético apropiado: los brotes (*me*) de la flor llamada *udo*. Únicamente al llegar al mismo final, Bashô nos hace entender que esa mezcla de blanco purísimo y lila (con el fondo implícito color verde-tierra desde el que las hierbas brotan) le ha impresionado hondamente. Si el orden de la traducción va siguiendo el del haiku nos damos cuenta de que Bashô solo ha ido viendo colores, que se ha ido aproximando a ellos como si los enfocase con más precisión y nos ha acercado junto con él: blanco de nieve, lila de flor, verde de tierra fértil... Es un haiku donde importan más los colores que las cosas mismas. Cuando son bellos y se han sabido conjuntar de un modo preciso, a veces llega a parecernos que los seres, al fin y al cabo, no son más que la justificación de los colores.

La traducción a la que nos vemos obligados en castellano no acierta a recoger esta "entrada progresiva" del lector japonés en el haiku:

En los claros de nieve,
el leve morado de los brotes
de la flor de *udo*

A continuación, un segundo ejemplo de cómo el *haijin* tiene en cuenta el orden de presentación de los elementos en su haiku. Ahora sabemos que de ese orden va a depender que el lector pueda entrar en la escena o se convierta en un espectador pasivo. Veamos cómo Bashô –de nuevo, Bashô– es capaz de introducirnos en aquello que nos cuenta:

山路来て何やらゆかしすみれ草
Yamaji kite naniyara yukashi sumire-gusa
BASHÔ

Montaña-camino / viniendo
qué será / precioso
violeta-hierba

El mérito de este haiku radica en que el poeta es capaz de hacer sentir al lector que los hechos que dieron origen al *aware* puede experimentarlos por sí mismo, de modo que quien lo lea se sienta caminando junto a Bashô montaña abajo aquella vez en que hubo un algo que le llamó la atención desde lejos... y pensó: «cualquiera sabe lo que pueda ser eso que estoy viendo»; el poeta se acerca más; «parece una mancha violácea en medio del campo»; y siente: «¡qué cosa más hermosa!»; finalmente, reconoce el objeto: son unas violetas. Contar un asombro poco a poco, en 17 sílabas japonesas (*jion*), mostrar al lector no simplemente una escena, sino el cambio que se va produciendo en el corazón del *haijin* ante una situación, contener el paso del tiempo en una estrofa tan corta, no es tarea fácil. Hay que estar muy en presente para percibir uno a uno todos esos asombros de que se compone un *aware*.

La traducción, esta vez, conserva más que en el caso anterior el carácter sucesivo del asombro:

Viniendo por el sendero de la montaña,
qué será… tan hermoso…
unas violetas

67. Hay haikus construidos a partir de dos polos internos

Algunas veces, no siempre, en los haikus se perciben claramente dos polos internos, la interacción de dos realidades:

雨雲にはらのふくるる蛙かな
Amagumo ni hara no fukururu kawazu kana
CHIYO-JO

La rana
infla el buche
ante las nubes que traen la lluvia

En otras ocasiones, también existen estos dos polos, pero es más difícil adivinarlos, dado que hay otros elementos en el haiku. Por ejemplo en:

しづまれば流るゝ脚や水馬
Shizumareba nagaruru ashi ya mizusumashi
TAIGI

Cuando el río se amansa
las patas de las arañas de agua
fluyen por su superficie

Textualmente, este haiku dice: «Cuando se tranquiliza / poder fluir o estar fluyendo - patas: / *mizusumashi*». Se hace necesaria, pues, vislumbrar una escena capaz de cubrir los excesivos silencios del poema original. El sentido que nos parece más probable es el apuntado en nuestra versión, pero gramaticalmente habría alguna otra posibilidad legítima de traducción.

¿En qué consiste la dificultad de este haiku? En que se compone de tan solo cuatro palabras. Cuatro palabras para describir una escena del mundo natural en la que podemos ver a unos pequeños insectos con aspecto de araña (en realidad son coleópteros) que se deslizan por encima de la superficie en calma del agua. Insectos que fluyen sobre un agua quieta. Estos son los dos polos internos de este haiku. Por una parte, la tranquilidad del agua, necesaria para que se puedan ver estos insectos y para que ellos se comporten según su naturaleza, y, de otra parte, el fluir, en este caso no de agua, sino "de insecto". *Shizumaru* ("estar en calma") y *nagaruru* ("fluir") son los dos polos, positivo y negativo, negativo y positivo, a partir de los que surge el *aware*.

Hay un "guiño" que hace el autor al lector más curioso en el nombre del insecto. *Mizusumashi* significa –literalmente– "imita al agua". Por qué los japoneses, cuando quisieron nombrar a este insecto, recurrieron al verbo *sumasu* nos ha dado mucho que pensar: en qué podía este insecto "imitar" al agua. La respuesta está en el mismo haiku: en la capacidad de este insecto de "fluir". Normalmente, el verbo *nagareru* (arcaico, *nagaruru*) solo se emplea para el discurrir del agua o las nubes, exactamente como en castellano el verbo "fluir". Pero en este caso puede decirse –el poeta lo hace– que estos insectos son «el fluir que tiene el agua... cuando el agua no fluye».

Esos dos polos que contiene el haiku a veces son, más que dos realidades que contrastan armónicamente su diferencia, dos trozos de sílex que chocan hasta que salta la chispa poética:

宿替へに鼻毛も抜きぬ梅の花
Yadogae ni hanage mo nukinu ume no hana
ONITSURA

Durante la mudanza
también me arranco los pelillos de la nariz.
La flor del ciruelo

Arrancarse los pelos de la nariz y contemplar la flor del ciruelo, dos acciones tan distintas, dos gestos tan diferentes, y sin embargo han logrado coexistir en este haiku de Onitsura. O, por ejemplo:

さみだれや鮓のおもしのなめくじり
Samidare ya sushi no omoshi no namekujiri
ONITSURA

Con las lluvias de verano
en la piedra de aplastar el *sushi*,
una babosa

En una estación como la del monzón –más de un mes lloviendo sin parar– aparece una babosa en la cocina. La estación de las lluvias es el mundo propio de la babosa; su lugar y su tiempo. Para la sensibilidad humana es un conflicto verla cerca del menaje de cocina. No para la babosa. *Sushi*-babosa es el par de opuestos que se han encontrado en este haiku de Onitsura. Y no sobra ninguno de ellos. Tal vez sobremos nosotros. Es posible que seamos nosotros, en todo caso, los que estamos comenzando a estar desubicados en medio de tanta humedad.

68. El haiku se enriquece con la existencia de elementos en contraste

También hay otro tipo de haikus en los que, además de los dos polos internos, hay otra serie de elementos que también contrastan entre sí. Pongamos por caso este haiku:

つきはなす水棹や岩のすみれ草
Tsukihanasu mizao ya iwa no sumiregusa
TAKAHAMA TOSHIO

Íbamos a chocarnos,
y el remo se impulsó contra la roca
donde floreció la *sumiregusa*

En este haiku se nos habla de la *sumiregusa*, que es una hierba pequeña que crece entre las piedras y cuyas florecillas minúsculas son de color violeta. Contrasta en él la dinamicidad del gesto humano y la serenidad de una hierba que ha conseguido vivir en la grieta de una roca. Contrastan asimismo la violencia de la acción de impulsarse con un remo contra la roca por miedo a chocarse y la delicadeza de la flor pequeña que no habría sido vista de no estarse corriendo ese peligro… Una roca junto a un río que esconde una hierba que nadie ha sembrado, pero que florece, por una parte, y, por otra, los seres humanos con sus miedos y sus movimientos bruscos para sobrevivir… Ah, definitivamente, son demasiado hermosos los haikus para poder explicarlos –diseccionándolos cruelmente– en lugar de dejarse mecer y adormecer con las mociones que ellos despierten en nosotros…

Hay algún caso en el que el haiku se vuelve una auténtica orgía de contrarios:

巣燕の下に火を焚く雨夜かな
Sutsubame no shita ni hi o taku amayo kana
SHIRAO

Haciendo un fuego
bajo un nido de vencejos
¡La lluvia nocturna!

Vemos que en este haiku hay muchos elementos incompatibles entre sí. Desde luego, los principales son el fuego y el nido de pájaros: la agresividad letal del fuego y la vulnerabilidad de los polluelos recién nacidos. Por otra parte, son también claramente antitéticos el fuego y la lluvia, esta última aparecida en la escena del verso casi como realidad salvífica para los pájaros. Todavía más, estos "pares de contrarios" son enriquecidos por la presencia de otros elementos que podrían calificarse más bien como "pares de diferentes": el pájaro y la lluvia..., el nido y la lluvia..., la noche y el pájaro..., el fuego y la noche..., el nido y la noche… Sintámoslos cada uno de estos pares por separado y veremos que nos contagian alguna clase de sensación inequívoca. Ahora tratemos de sentirlo todo al mismo tiempo, los elementos que aparecen en el haiku y los que se presuponen: fragilidad de pájaro, protección de nido, miedo de noche, peligro de fuego, asfixia de humo, frescor de lluvia… Y añadámosles dos que pertenecen al mundo de los seres humanos, pero que sin duda son parte de la escena: la indiferencia del que hace el fuego, y la atención del que recoge la escena en 5-7-5..., y tendremos un haiku perfecto.

69. Reproducir la atmósfera de los momentos

En ocasiones, el haiku consigue una perfecta reproducción de la atmósfera global en que se mueven unos seres en un determinado momento. Este que presentamos puede ser un buen ejemplo de ello: la niebla se extiende sobre un campo de flor de colza:

三日月に地は朧ろなり蕎麥の花
Mikazuki ni chi wa oboro nari soba no hana
BASHÔ

Con una Luna naciente
la tierra convertida en pura niebla,
flores de colza

La Luna –otras veces la gran protagonista del haiku– en esta ocasión, más que un objeto de belleza en sí mismo, aparece como un invitado de menor importancia, Luna casi inexistente, Luna del tercer día después de la ausencia de la Luna en el cielo. Porque, aunque no pueda apreciarse a simple vista, el corazón de este haiku es la tierra (*chi*), y por eso va seguida de una partícula *wa* que la focaliza, la centra para el lector, la deja ahí en medio del espacio de su universo poético. Ante una Luna que con modestia ocupa una mínima parte de nuestra atención, leve atisbo de que en el cielo existe algo a lo que en otros momentos del mes llamamos "Luna", la tierra [*chi wa*: "especialmente la tierra, la tierra misma, desde luego la tierra"] se ha vuelto niebla.

Pero, sin duda, el caso más emblemático de un haiku que capta plenamente una escena es la "definición poética" del invierno que logró Bashô en:

冬枯れや世は一色に風の音
Fuyugare ya yo wa hito iro ni kaze no oto
BASHÔ

Desolación invernal.
El mundo, en un solo color…
El sonido del viento

70. Concatenar elementos para hacer posible el haiku

El buen haiku es el que es capaz de concatenar elementos en su interior. Por ejemplo:

起きざまに露ふるひけり草の鹿
Okizama ni tsuyu furuikeri kusa no shika
Kôroku

El ciervo en la hierba
al incorporarse
se sacudió el rocío

Un movimiento de un ciervo que al levantarse del suelo se sacude el rocío, nos exige un haiku. Eso ya lo sabemos. Pero ahora estamos en condiciones de ir más lejos. Los elementos rocío-hierba-ciervo están bien conectados entre sí, porque el rocío nos lleva inconscientemente a la hierba y la hierba, sin dificultad, nos hace pensar en alguna clase de herbívoro, por ejemplo, un ciervo. Comprendemos que, en la realidad primero, y luego en el haiku, rocío-hierba-ciervo no son tres, sino una sola unidad. De modo que, comenzando por la hierba, hemos visto vinculado al ciervo con el rocío, es decir, el frío y el cuerpo. Y el ciervo, entonces ¿qué es lo que hace? ¿Cómo reacciona ante ese bellísimo manto cristalino de rocío sobre su piel marrón sobre un fondo de hierba verde?

Hace lo que tiene que hacer: se libra de él, y ese es precisamente el "momento haiku". Mientras el ciervo estuvo dormido nos permitió verlo unificado con la hierba y su rocío, pero de hecho eso no nos pareció motivo de haiku. Esa escena solo fue el preludio del haiku que debía escribirse. Asistimos a su despertar, a su negarse a la dormida quietud con un gesto que nos dice: «Estoy aquí. No soy rocío-hierba-ciervo».

O veamos, por ejemplo, este haiku de Bashô:

春雨の木下につたふ雫かな
Harusame no ko shita ni tsutau shizuku kana
BASHÔ

Gotas de agua pura
de la lluvia de primavera
conducidas hasta el pie de los árboles

Uno puede ir recorriendo el haiku igual que en él la gota de agua pura va desde la nube a través del tronco del árbol hasta las raíces… Gotas de lluvia, lluvia de primavera, primavera de los árboles, árboles enraizados en la tierra.

71. Se trata de captar la invisible relación entre las cosas

Probablemente, la esencia misma del haiku sea captar la invisible relación que existe entre los seres. Para la mente occidental, el mundo es objetual; es una serie de cosas o criaturas que existen. Para los orientales, el mundo es relacional, es decir, una continua interacción entre sujetos. En Japón, las criaturas solo son un motivo para la relación: lo que no está relacionado, simplemente no existe. En Occidente, lo que importa son los sujetos; para los orientales, las relaciones. Por eso, los occidentales hemos definido lo divino como un Ser Supremo, un sujeto cósmico, y el oriental ha llegado a la conclusión de que “lo sagrado” es una acción que vincula a los seres; que “lo sagrado” es un verbo, no un sujeto.

Las relaciones entre las criaturas es lo que da forma concreta a una situación. Sin situación, sin ambiente, sin explicitar los lazos de los seres que estamos observando, no hay haiku; porque no hay realidad. El haiku es una relación entre cosas porque el mundo es una relación entre cosas. Es difícil encontrar para ilustrar esta importantísima clave del haiku un ejemplo más bello que este:

鴨渡る月下蘆荻の音もなし
Kamo wataru gekka roteki no oto mo nashi
SHÛÔSHI

Los patos salvajes cruzan el cielo,
la Luna, las cañas
también en silencio

Al *haijin* no le ha impresionado que unos patos salvajes crucen el cielo y tampoco que lo hagan en silencio, que sería ya de por sí un objeto poético suficiente; ni que lo hagan frente a la Luna, que asimismo sería ya motivo para un haiku; lo que le ha conmovido es la respuesta silenciosa de las cañas al silencio de los patos salvajes. Hay un extraño reverberar del silencio del cielo en el silencio de la tierra, o viceversa. Eso sin contar con que el testigo presente, el poeta, también está en silencio. Una relación, por tanto, entre cuatro criaturas distintas, unos patos, la Luna, unas cañas y un hombre, cada una de ellas de un género diferente y, sin embargo, con una misma respuesta en ese momento concreto. Cuatro clases de criaturas obedientes a la existencia y vinculadas por una misma actitud –el silencio– acogidas en un mismo haiku.

72. Escribir un buen haiku es como cocinar

Sentenció Kyoroku, estando presente Bashô: «El *hokku* es la mezcla de las cosas».[17] Escribir un buen haiku es como meter en una olla unos cuantos ingredientes y dejarlos al fuego lento del corazón. Hay que elegir de entre lo que puebla la realidad en la que nos encontramos, y de la que recibimos *el impacto que nos conmociona* (*aware*), esos tres o cuatro elementos que son los causantes de ese determinado momento. Por supuesto que todo lo que hay ahí frente a nosotros es lo que causa nuestro *aware*; pero no todo lo percibimos por igual. Me decía en cierta ocasión un pintor japonés sobre una espléndida vista de la Naturaleza: «Si percibiéramos todo lo que hay ahí, reventaríamos». Así pues, se trata de elegir dos, tres, cuatro elementos para transmitir nuestro *aware*. Dependerá de los que elijamos el que nuestro haiku sea más o menos extraordinario. Hay realidades que están "naturalmente asociadas" y a nadie sorprende que las reúnas en tu haiku, como nieve-bruma-atardecer:

雪ながら山本かすむ夕べかな
Yuki nagara yamamoto kasumu yûbe kana
SÔGI

Mientras la nieve,
la falda de la montaña en brumas…
¡Atardece!

Es un buen haiku, pero no ha arriesgado nada. Seguro que en ese momento en que la emoción le arrobaba por completo había más elementos que tener en cuenta. Pero ha preferido inclinarse por una receta más clásica. Los buenos cocineros son los que inventan nuevas recetas con ingredientes que nunca antes se habían mezclado. Por ejemplo, en el haiku que sigue la introducción del ingrediente "serpiente" le da un sabor completamente distinto de lo que habría tenido con otro ingrediente más convencional:

苗代や小蛇のわたる夕日影
Nawashiro ya kohebi no wataru yûhikage
ÔEMARU

Campo inundado para el arroz –
Una pequeña serpiente cruza
a la luz de la tarde

Lo primero es conseguir un estado de permanente apertura al mundo; segundo, ser honesto con que la impresión que crees que te ha afectado lo haya hecho de verdad y que no sean tus mismas ganas de ser emocionado por las cosas; y, tras esta apertura y esta honestidad, en última instancia, tener talento para seleccionar los principales responsables del asombro que vamos a reflejar en nuestro haiku.

Si el *haijin* ha acertado al seleccionar de su experiencia los principales componentes de lo que paladeó, el haiku sabrá bien al lector. En este caso, el poeta –como el auténtico cocinero– ni siquiera tiene que degustar lo que hace para comprobar que va a salir bueno. El *haijin* sabe qué ingredientes van a funcionar bien juntos mucho antes de ejecutar su trabajo. Le guía alguna especie asombrosa de sexto sentido que debemos ir desarrollando a partir de ahora, una capacidad de la naturaleza humana que podría llamarse "sentido de los sabores posibles". Por ejemplo, en este haiku:

寺ふかく竹きる音や夕時雨
Tera fukaku take kiru oto ya yûshigure
SHÔHA

En los confines del templo,
se oye cortar bambú –
Lluvia fina en la noche

El autor quería captar una escena que se articula en torno a un sonido, seco, ocasional, de frecuencia imprevisible; un sonido que se adivina que corresponde a una actividad humana perfectamente insertada en un ámbito natural: la de alguien que a lo lejos corta bambú. En lo que está "cocinando" el *haijin* debía sin duda aparecer el sonido (*oto*) porque es el origen de este haiku, y el bambú porque es de hecho lo que se está cortando; pero es un acierto construir el resto del poema con elementos tan acordes como "la noche", "la lluvia finísima" y "un templo". Así pues, cinco ingredientes (más de lo que la mayoría habríamos logrado introducir en un espacio tan breve), que al ser cocinados juntos acaban gustándose y gustando al que lo prueba. A la lluvia le va bien la noche, mucho mejor que el día, porque profundiza en la sensación de útero –de reclusión protegida– que es la noche para el ser humano. Pero la lluvia debía ser fina para que dejara oír algún sonido que no fuera el suyo propio. El sonido es el de alguien que, a pesar de la noche, a pesar de la lluvia, está ahí fuera, ni se sabe dónde, en los confines de las tierras que son propiedad del templo budista, cortando bambú. Podría pensarse que el templo es, en este caso, el "ingrediente" más prescindible, porque es solo el lugar desde el que se percibe el haiku. Pero no es así, ya que es el que nos indica la sensación de seguridad del poeta en contraste con el estado de desprotección del cortador de bambú.

Este mismo haiku, este mismo plato de cocina poética, deconstruido y montado de un modo diferente, en prosa, sería así: «En un *templo*, a resguardo, encantado con la sensación de que fuera esté cayendo una *lluvia fina* cuando ya se ha hecho la *noche*, se oye algo lejano, un *sonido* extraño –inquietante– cuya razón me esfuerzo en averiguar, un sonido chasqueante, sin una especial belleza y sin frecuencia temporal... ¡Ah, es alguien que está cortando *bambú*! ¡A pesar de la noche! ¡A pesar de la lluvia!».

73. El único criterio de validez de un haiku es el de un paladar educado

Escribir haikus es en sí mismo un camino espiritual que nosotros podemos seguir, del mismo modo que los japoneses. Pero para hacerlo bien hay que aprender a progresar en ese "paladar de haiku" al que nos venimos refiriendo, descartando todo aquello que no sepa a haiku. Hasta llegar a la certeza de que si a un paladar educado no le sabe a haiku, no es haiku:

絵踏して念仏申すおみなかな
Efumi shite nembutsu môsu omina kana
SHÛCHIKU

¡Una vieja pisoteando
una pintura de Cristo
mientras recita el *nembutsu*![18]

Este poema, por ejemplo, no tiene "sabor de haiku", aunque tenga 17 sílabas. Es una escena de la historia de Japón y el poeta ha querido actuar de notario, de acuerdo, pero carece de la más elemental armonía. Estamos ante un *senryû*: una estrofa de metro 5-7-5 que responde como el haiku a un suceso, pero el poeta al recogerlo no tiene la inocencia del *haijin*, sino que pretende denunciar, provocar, hacer reír, es decir, que tiene un tono diferente –satírico, obsceno, crítico– y con una diferente temática –lo sexual, lo ridículo, lo absurdo...–, normalmente, del mundo humano.

Pero para saber si un poema "sabe" o no a haiku hay que desarrollar el paladar, y no dejarnos seducir por cualquier poema que nos impacte. Habremos de descartar, por ejemplo, por más que nos hable de melocotón y de la sensación de estar cortándolo, las ganas asesinas de una amante desairada:

白桃に人刺すごとく刃を入れて
Hakutô ni hito sasu gotoku ha o irete
Suzuki Masajo

Se hunde el cuchillo
en el melocotón blanco
como en un cuerpo.

Una vez descartado todo aquello que no nos sepa a haiku, por grotesco, por literario o por cualquier otra razón que ya iremos comprendiendo, se trata de progresar en el saboreo del haiku. Haikus que al principio nos fascinan, como:

盗人に取り残されし窓の月
Nusubito ni tori nokosareshi mado no tsuki
Ryôkan

El ladrón
dejó sin robar
la Luna en la ventana

son abandonados más tarde por otros menos mentales y más sensoriales, como:

手折らるる人に薫るや梅の花
Taoraruru hito ni kaoru ya ume no hana
CHIYO-NI

Perfume para aquel
que la corta con su mano –
Flor de ciruelo

que, a su vez, van dando paso a haikus más sobrios y de sabor más exquisito como:

古寺や焙烙すてる芹の中
Furudera ya hôroku suteru seri no naka
BUSON

Templo de Furudera –
Una cazuela de barro tirada
entre las matas de perejil

hasta llegar a la sequedad pura de algunos discípulos de Shiki:

穿岩機不意に高鳴る村しぐれ
Sakuganki fui-ni taka naru murashigure
NISHIGUCHI SACHIKO

Crece de pronto
el ruido de la perforadora.
Chubasco en la aldea

Lo que es muy importante es que no confundamos un haiku que *sabe a poco*, porque su autor no lo ha construido con habilidad, con un haiku que *nos sabe a poco*, porque carecemos de finura en el paladar. Por ejemplo, uno de estos dos haikus no tiene sabor y el otro lo tiene oculto, solo para paladares exquisitos:

その門にあたま用心衣更
Sono mon ni atama-yôjin koromogae
Issa

En esa puerta,
precaución con la cabeza.
Cambio anual de ropas

秋遍路コインランドリーの順を待つ
Akihenro koinraundry no jun o matsu
Nishiguchi Sachiko

Un peregrino de otoño
espera haciendo cola
en la lavandería

Efectivamente, la modestia de Nishiguchi Sachiko ha escondido el sabor de su haiku, en el que se ha atrevido a usar incluso una palabra inglesa niponizada: *coin laundry*, y no por eso deja de sernos familiar y entrañable.

Otra cosa que puede ocurrirnos cuando escribimos haikus es empachar de ingredientes eso que estamos cocinando, de modo que se vuelva incomestible, un intento fallido de haiku:

目には青葉山時鳥初鰹
Me ni wa aoba yama-hototogisu hatsu-gatsuo
SÔDÔ

Ante los ojos el verdor de las hojas,
el cuco en la montaña,
el primer bonito

¿Por qué consideramos que es un intento fallido de haiku? Porque pretende poner en funcionamiento tres sentidos: los que aprecian el verde de las hojas, el sonido del canto del *hototogisu*, y el sabor del bonito. Pero el *haijin* no establece entre las tres cosas una adecuada conexión. Es una simple acumulación de impresiones que no logra cohesionar entre sí. Blyth declara su desagrado por este haiku y, a nuestro juicio, acertadamente lo acusa de "codicioso". Ha sido la codicia, efectivamente, las que nos ha llevado a poner en el haiku más de lo que podía contener; la codicia del "yo".

PARTE V:

EL HAIKU ES UN CAMINO DE EXTINCIÓN DEL "YO"

74. El *haijin* está implicado emocionalmente con lo que observa

Al *haijin* le importan las criaturas de las que habla. El hecho de que esté implicado emocionalmente en la escena que describe no solo no es un problema, sino que es parte constitutiva del acierto de su haiku. Aunque no por ello le sea legítimo mostrar impúdicamente cuánto le afecta aquello que presencia. No es necesario que el objeto poético que cause nuestro *aware* sea –como vimos en algún haiku anterior– la agonía de un ser querido. Puede ser sencillamente el retraso que lleva una oruga en volverse mariposa:

胡蝶にもならで秋経る菜虫哉
Kochô ni mo narade aki furu namushi kana
BASHÔ

El otoño avanza
y la oruga no consigue convertirse
en una mariposa cualquiera

Si esto es "ortodoxo", o no lo es, sería otra cuestión. El caso es que, de hecho, el poeta de haiku sufre con lo que sufre y goza con lo que goza, y de ello construye su haiku. El *haijin* tiene un corazón que late con fuerza en el "momento del haiku"; no es un frío receptor de estéticas perfectas. Veamos con un segundo ejemplo cómo de nuevo Bashô se implica emocionalmente en la escena que contempla:

草の葉を落つるより飛ぶ螢哉
Kusa no ha o ochiru yori tobu hotaru kana
BASHÔ

Hasta que no se cae
de la hoja de hierba...
¡No echa a volar la luciérnaga!

El poeta tiene el corazón en vilo. El asombro no es necesariamente complacencia en lo que presenciamos. Los seres nos importan. Nos hemos involucrado en el destino de las cosas, y, a partir de entones, estas dependen de alguna forma de nosotros. Perdemos, con el progreso en la sensibilidad, la cordura del hombre racional, y también su frialdad. Llegamos a pensar, en este caso, que un insecto de luz que se va resbalando por la superficie de una hoja se caerá y, finalmente, se romperá en pedazos. Porque la luz tiene algo de cristal. Y lo que quiera que ocurra a esa criatura de luz va a ser a partir de que llegue al filo de la hoja. Estamos comprobando –porque lo estamos viendo– que una luciérnaga es una luz que anda, pero nadie puede darnos la menor garantía de que pueda volar. Pese a que hemos visto mil luciérnagas antes volando. Nuestro corazón no entiende de probabilidades: esa luz está a punto de caerse de la hoja, y eso es todo lo que ahora nos concierne y nos inquieta. Pero la luciérnaga alza el vuelo a partir del filo de la hierba. Justo a partir del filo. El filo marca el espacio sin tierra que obliga al vuelo. Y, finalmente aliviados, escribimos el haiku de lo que fue. ¿Esto puede hacerse? Sí, siempre que haya un límite en nuestra implicación emocional.

75. La implicación emocional con el objeto del haiku no puede destruir el haiku

Hemos comprendido que un poeta de haiku no es una máquina fotográfica. Un *haijin* es un corazón que apresa las imágenes y sensaciones que le han trastornado, para bien o para mal. Pero… ¿hasta dónde puede evitar un corazón entrar en la escena que está contemplando cuando esta precisa de alguien que intervenga, y no de alguien que la deje fielmente reflejada? Nos sorprende, por ejemplo, Nozawa Kanajo rompiendo las reglas de lo que puede y no puede hacerse en materia de haiku:

虫の卵を育てて ゐたる冬の芝
Mushi no tamago o sodatete itaru fuyu no shiba
NOZAWA KANAJO

Habrá que terminar de incubar
esos huevos de insecto.
El invierno en la hierba

El invierno se ha anticipado a lo previsto y aún no se han abierto los huevos de insecto cuya puesta Kanajo tenía observada… "Insecto", así, en general, sin especificar la especie; tanto da si es fascinante, como una luciérnaga, o sucio, como una mosca. Ahora lo importante no es la calidad de la vida que pueda surgir de esos huevos, sino el hecho de que esa vida esté a punto de ser abortada. Para ello, la autora usa sin titubear la palabra *mushi* que, más que un término elegante como "insecto", significaría "bicho".

Y Kanajo, súbitamente, de forma inesperada, se mete en el haiku que estaba escribiendo, un haiku que nos hablaba de unos huevos de algún bicho depositados en la hierba que la dura escarcha iba a destruir. Deja la descripción de lo que está viendo e interviene. Se hace parte del paisaje que describía; no, todavía más: se constituye en la protagonista del haiku que tenía intención de escribir sustituyendo el motivo original. Como un fotógrafo de guerra que no quisiera anteponer su foto a socorrer la necesidad ajena, Kanajo rompe su haiku, lo hace inservible para el mundo gélido y perfecto de la belleza literaria convencional. Y nos da a entender que ella misma va a acabar de hacer el trabajo que la Naturaleza no ha querido completar: calentará esos huevitos hasta que eclosionen. Sea lo que sea lo que salga de ellos. Formando parte ella misma del misterio de la vida, de lo insólito que es que una mujer acabe de incubar huevos de insecto…

Tras la aparente simplicidad de este haiku se esconden una serie de preguntas que dan al poema perspectiva, profundidad, misterio: ¿Por qué se ha anticipado el invierno? ¿Qué será lo que salga de esos huevos de insecto? ¿Cómo es que la Naturaleza mata a sus propias criaturas? ¿Quién dedicaría su tiempo a incubar huevos de insecto? ¿Cómo es el "yo" de un poeta que logra entrar en su haiku y se apodera por completo de él?

76. A veces el *haijin* parece que habla de sí mismo, y sin embargo no es así

Con este último ejemplo entramos de lleno en uno de los temas capitales del haiku. Los occidentales que escriben haiku tienen fundamentalmente dos problemas al introducirse en este nuevo mundo (dos problemas que en el fondo están conectados entre sí): el primero –ya lo hemos visto– es que quieren escribir haikus de amor, y el segundo es que no saben cuándo y en qué condiciones puede aparecer el "yo" en sus haikus. Del haiku de amor ya se habló en su momento; respecto a cuándo y en qué condiciones hablar de uno mismo la respuesta es: «Nunca». Esta sería, al menos, la primera respuesta, sin matizar. La contundencia de esta primera respuesta va a servir al poeta neófito para que su haiku no sea un *zappai* (un juego del "yo" que se aprovecha del metro del haiku). El poeta en Occidente está acostumbrado a trabajar desde su "yo" y a hacer de su "yo" el tema preferido de su obra; y, de pronto, se le pide que deje por completo de hablar de sí mismo y atienda a lo exterior, a lo que él no es; que hable de lo que percibe según cómo las cosas se le van mostrando. Se le pide que se vacíe de sí y que se adiestre en su exterior, y el poeta occidental hace siempre un primer amago de rebelarse ante esta importantísima clave de éxito en el nuevo camino que ahora emprende.

Sin querer poner a disposición del poeta occidental trucos para seguir hablando de sí mismo, esquivando el rigor de las reglas del haiku, sino tan solo para que no juzgue mal cuando un *haijin* parece estar hablando de sí mismo sin que de verdad lo esté haciendo, vamos a ver en lo sucesivo haikus en los que de una u otra forma aparece legítimamente el "yo". Por ejemplo, un *haijin* cuyo nombre desconocemos escribe:

月あかり八十七の物思ひ
Tsuki akari hachiyushichi no mono omoi
DESCONOCIDO

La luz de la Luna.
Nada menos que 87 años.
Merece la pena pensar en ello

Está presente el "yo" del poeta y, sin embargo, su poema "sabe a haiku". ¿Por qué? Porque, en este caso, él es solo una excusa para el verdadero objeto del haiku. Volvamos a leerlo... ¿De qué se nos está hablando? ¿Cuál es el centro de atención del haiku? Nos damos cuenta de que es, en realidad, un haiku dedicado a la luz de la Luna. La textualidad de este haiku permite muchas interpretaciones válidas, pero ninguna de ellas contiene la más mínima vanidad:

- La Luna lleva mostrando su luz al *haiji*n durante los 87 últimos años
- La luminosidad de la Luna está irradiando en su 87 cumpleaños
- También es posible que intuya que ya no va a vivir mucho más y se esté despidiendo de la luz de la Luna

Todas estas y algunas interpretaciones más son posibles en el texto original. Pero observamos que, en la mayor parte de estas, el *haijin* no está presumiendo de nada: si se le ha concedido el regalo de contemplar la luz de la Luna durante tanto tiempo, él no lo siente como un mérito propio; si está iluminando ahora en su cumpleaños, es parte del milagro que es vivir; si está expresando que ya no vivirá mucho más, por enfermedad o por voluntad propia, no nos incordia con lo que él es o ha sido, sino que se nos va desvaneciendo y lo que nos deja en su lugar es una Luna maravillosa.

Una primera conclusión, por tanto (ya avanzaremos otras más tarde), es que el *haijin* puede aparecer en su haiku con la condición de que en él esté ausente, y que su aparición haya servido para iluminar más todavía alguna otra realidad distinta de sí mismo. Aun así, es un experimento arriesgado el que ha hecho este *haijin*: el "yo" es una realidad expansiva –voraz– y su aparición suele eclipsar cualquier otra realidad con la que se encuentre.

Es realmente una rareza encontrarse con un haiku como este:

雲霞呑みつつ越ん菊の山路
Kumo kasumi nomitsutsu koen kiku no yamaji
KIKUSHA-NI

Engullendo nubes y brumas,
atravesemos el camino
de la montaña de los crisantemos

Normalmente, el haiku japonés tiene –como el hombre que lo fabrica– un enorme sentido de la humildad. La palabra del japonés es precisa, su promesa cuidada, su declaración de intenciones trata más bien de quedarse corta. Digamos que Japón es un mundo ordenado a partir del autocontrol y la modestia. Entonces ¿cómo es posible que nos encontremos con haikus en el que la *haijin* nos dice algo que va a hacer (ni siquiera que ha hecho) y algo tan desmesurado y fuera de una expresión cuerda?

Efectivamente, lo primero que desde un punto de vista tradicional el lector japonés quiere pensar de este haiku es que en él la *haijin* no se refiere a sí misma, sino a una tercera persona. En seguida comprende que la poetisa habla de sí misma y que este haiku esconde un "yo" inusualmente fuerte: decidido y firme a conseguir el propósito que nos anuncia (*koen* significa "dispuesto o dispuesta a atravesar").

Este poema podría parecer, en una primera instancia, una excepción a la regla de la modestia del japonés. Se nos presenta pretencioso, grandilocuente, donde el *haijin* anuncia lo que no puede hacerse, con una voluntad de ejecutar acciones de alcance cósmico, como si en lugar de un fotógrafo de detalles inapreciables el *haijin* –en este caso, una mujer– se hubiera convertido en un chamán exorcizando la existencia de sus enfermedades... «Engullendo nubes y brumas, vamos a atravesar...». Todo aquel que haya visitado el País del Sol Naciente sabe que los caminos de montaña –por lo general– son impracticables. El de Japón es un tipo de bosque espeso cuyo ramaje va constituyendo un falso suelo por el que no se puede andar. Pero Kikusha es como un viento divino que quisiera y pudiera y, de hecho, fuera a atravesar los caminos de montañas, al precio que sea, así tenga que ir dejándose a jirones por los ramajes...

Este haiku parece ser la respuesta a alguien que se hubiera atrevido a dudar que el viaje por la montaña de los crisantemos podía hacerse. «Puede hacerse –parece responder la *haijin*–, así tenga que tragarme la niebla e incluso las nubes y de ese modo despejar el camino...» Respecto al sentido de que tenga este firme propósito, más que el de aspirar a ver de cerca la belleza de los crisantemos, parece que estemos hablando de alguna clase de *shugyô* (entrenamiento ascético), de peregrinación espiritual, lo cual tiene sentido tratándose de una monja budista como Kikusha.

Por tanto, pese a la impresión que haya podido darnos en algún momento de chirriar dentro de un orden japonés del mundo (orden fabricado a partir de dictados claros, como el de que "yo, como individuo, no soy nada, no puedo nada, no aspiro a nada"), este haiku es muy japonés. Hay momentos en los que al individuo –a todo individuo– se le exige una naturaleza heroica. Es el momento en que un sencillo maestro de escuela se transforma en un *kamikaze* y grita *atatte kudakerô* («rompámonos contra nuestro objetivo»). La persona individual no puede nada, excepto cuando está dispuesta a dar su vida por la continuación de la vida; entonces se transforma en un *kami*.

El *haijin* –en este caso como en muchos otros– tiene una propensión mística imposible de ocultar; se sabe un ser humano cósmico, una parte más del universo; y solo en cuanto tal nos hace partícipes de su proyecto desmedido, como si el volcán nos dijese cuándo y cómo va a hacer erupción. Del mismo modo, la actitud de la *haijin* de este haiku –«tragándome las nubes y la bruma»– es más propia de un *kami* viviente que de un ser humano cualquiera. Según mi punto de vista, las reglas del haiku no sirven en este caso, porque no está escrito por un ser humano. Y mi consejo a los que comienzan a escribir haiku es el siguiente: quien se crea un *kami* que escriba como tal, y quien se crea un ser humano que trate de evitar escribir haikus con este tono.

77. A veces el *haijin* parece que habla de la Naturaleza, y sin embargo no es así

Hemos visto el caso de cómo el *haijin* parece estar hablando de sí mismo, y sin embargo no lo hace. Y también existe el caso contrario: haikus en los que el *haijin* parece que habla de la Naturaleza, aunque lo que en realidad hace es hablar de sí mismo. Pongamos por caso:

いもの葉っぱの遊びごころや風のまま
Imo no happa no asobi-gokoro ya kaze no mama
DESCONOCIDO

Las hojas de la patata
con ánimo de disfrutar
en la naturaleza del viento

Las hojas de la patata no son para nosotros un sujeto dotado de una belleza especial; son, simplemente, *algo que está ahí*. Y el viento, que agita lo que no puede moverse por sí mismo, que "anima" porque dota de vida lo inerte, no es el colmo de lo enigmático del mundo: es solo viento. Solo aire que mueve las cosas. Es solo aire, pero nuestro corazón es antiguo como el del *haijin* y no entendemos qué es el viento por más veces que escuchemos la explicación científica; qué lo sostiene, qué lo activa y por qué existe. No entendemos el mundo. No comprendemos por qué existen las cosas. Y aun antes de comprenderlo o no –de formularnos preguntas y de obtener respuestas– está nuestro asombro por todo lo que haya llegado a la existencia. Hasta ahí todo está correcto.

Pero el *haijin* comete un error. El poeta cree haber conseguido meterse dentro de la planta que está mirando como para saber de qué tiene ánimo: su ánimo, su corazón (*kokoro*) es ahora moverse en la naturaleza del viento (*kaze no mama*: "en tal y como está el viento"). Y, en definitiva, no nos está hablando ni del viento ni de las hojas de la patata, sino de sí mismo.

Los poetas de haiku consiguen entrar en los seres que luego introducen en sus haikus. Si primero el poeta no ha conseguido "entrar" en una criatura y sentirse montaña, narciso, abeja, luego no puede pedirle a esa criatura que entre en su haiku. Pero hay que conocer bien los límites de ese meterse en las criaturas. No podemos imaginar que los seres tienen en determinadas circunstancias los sentimientos que nosotros tendríamos de estar en ellas.

78. Al lector no le interesa que el *haijin* le cuente su vida en su haiku

Todo escritor de haikus debería tener en su mesa de trabajo un pisapapeles que dijera: «No me cuentes tu vida», para que sepa qué va a decir el lector de un haiku que se escriba sin *aware*. Como:

人の来てまたも頭巾をぬがせけり
hito no kite mata mo zukin o nugase keri
RYÔKAN

Alguien ha venido.
Otra vez me tuve que quitar
el pañuelo de la cabeza

No me importa las veces que haya venido alguien a visitarte ni las que te tengas que quitar el pañuelo. Si no hay *aware* en tu gesto de quitártelo, no me lo cuentes. Hay un mundo entre este haiku de Ryôkan y aquel que citábamos de Santôka:

笠をぬぎしみじみとぬれ
Kasa o nugi shimijimi to nure
SANTÔKA

Calado hasta el tuétano,
ya me puedo quitar
el sombrero de bambú

O, por ejemplo, si no sales a comprar y te ves obligado a comer alimentos cuya fecha de caducidad ha cumplido ¿a mí qué?

さみだれや喰わねば腐るものを喰う
Samidare ya kuwaneba kusaru mono o kû
DESCONOCIDO

A causa de las lluvias de verano
me veo comiendo alimentos caducados
que hay que comerse

El haiku no es esto y nunca quisimos que fuera esto. Tan solo se da en los *haijin* con menos talento o en momentos bajos de *haijin*, que sí los tienen:

掛取も来てくれぬ大晦日独り
Kaketori mo kite kurenu ômisoka hitori
HÔSAI

Ni siquiera un acreedor
viene a verme.
Fin de año en soledad

Con la soledad hay que tener mucho cuidado, porque cuando la sentimos con fuerza, creemos que puede ser materia de un haiku intimista, pero al que lo lee le deja indiferente.

竹の葉さやさや人恋しくて居る
Take no ha sayasaya hito koishikute iru
HÔSAI

El rumor de las hojas del bambú
con el viento.
Echo de menos a la gente

Y si la soledad del *haijin* no nos importa, a menos que se trabaje muy bien, con más razón no nos interesan sus nimiedades:

つめたい風の耳かたくついてる
Tsumetai kaze no mimi kataku tsuiteru
HÔSAI

El viento frío
duramente castiga
mis orejas

¡Qué diferencia, hablando del mismo frío, entre el haiku que antecede y este de Santôka!

きずがそのままあかぎれとなり冬籠る
Kizu ga sono mama akagire to nari fuyu komoru
SANTÔKA

Tal como me la hice
la herida se ha agrietado.
Reclusión invernal

79. Normalmente la aparición de la palabra "yo" destruye el haiku

Hemos visto que, como norma general, la aparición del "yo" del poeta destruye el haiku; se apodera de todo y ya no sabemos ni siquiera de qué se nos está hablando:

生きて吾在り渦潮の中きあり
Ikite ware ari uzushio no naka ni ari
SEISHI

Estoy vivo
en el ojo
de un huracán

Pero no confundamos la aparición del "yo" del *haijin* con la aparición de la palabra "yo". Porque puede ocurrir que en el haiku se haya usado alguna de las formas con que en japonés se dice "yo" (*ore, ware, watashi, watakushi, boku…*) y que el resultado sea perfectamente aceptable; y puede que no se haya empleado la palabra "yo" y todo el haiku rezume un afán de protagonismo de lo que está sucediendo que invalide el haiku.

Si observamos el trabajo que hacen los *haijin* durante toda su vida para poder, puntualmente y con carácter excepcional, contarnos algo sobre sí mismos, nos daremos cuenta de lo difícil que resulta hacer algo medianamente aceptable, ya sea usando o no la palabra "yo". Un maestro como Issa evidencia su fracaso en el haiku:

の世のおれがいとこか閑古鳥
Saki no yo no ore ga itoko ka kankodori
ISSA

En una vida anterior
¿fui yo tu primo?
Kankodori

El *kankodori* es el nombre de un pájaro, y aun así el haiku ha quedado desgraciado. Lo que debería ser una impresión del natural se ha transformado en una pregunta que responde a un pensamiento.

Contando con un amplio repertorio de haikus de un mismo autor podemos ver, incluso, el proceso de cómo un *haijin* necesita relatarnos su propia patética situación usando lo menos posible el "yo". Veamos tres haikus de Santôka en los que hay una evolución hacia una menor mención de sí mismo:

蜘蛛は網張る私は私を公肯定する
Kumo wa ami haru watashi wa katashi o kôtei suru
SANTÔKA

La araña teje tela.
Yo me acepto
a mí mismo

En esta ocasión aparece dos veces la palabra "yo" (*watashi*) y, efectivamente, no habla de otra cosa que de sus problemas consigo mismo. Nada que ver con el mismo tema tratado con la elegancia con que lo haría en:

どうすることもできない矛盾を風ふく
Dô suru koto mo dekinai mujun o kaze fuku
SANTÔKA

No puedo hacer nada…
El viento soplando
contra mis contradicciones

Literalmente, en japonés podría estar hablando de cualquiera, ya que en las formas verbales japonesas no hay desinencias personales y es el traductor el que ha introducido el "mis" para darle sentido al haiku. Una versión más literal sería:

No hay solución posible…
El viento sopla
las contradicciones.

Y todavía más depurado de "yo" (aun hablando sobre sí mismo) el haiku:

くづれる家のひそかにくづれるひぐらし
Kuzureru ie no hisoka ni kuzureru higurashi
SANTÔKA

Oculta en una choza en ruinas,
una vida en ruinas.
Canta la cigarra

80. Excepcionalmente el haiku permite la aparición de la palabra "yo"

Sin embargo, excepcionalmente, la palabra "yo" aparece en el haiku y este no queda invalidado. Eso sí, el sentimiento de que hable debe ser lo suficientemente profundo que haya hecho al *haijin* olvidarse de sí mismo en el "momento haiku". Por ejemplo, eso ocurre cuando el *haijin* habla de su propio miedo:

蛇逃げて我を見し眼の草に残る
Hebi nigete ware o mishi me no kusa ni nokoru
KYOSHI

Huye la serpiente
y esos ojos que me han mirado
se quedan entre la hierba

Los elementos que conforman este haiku dibujan una situación inquietante: unos ojos de serpiente que miran a un hombre fijamente, una serpiente que huye, un peligro al acecho entre la hierba, el miedo… Es un haiku consagrado a una serpiente que pasa ante un hombre deteniéndose por unos instantes. Sorprendidos ambos –el poeta y la serpiente– es a esta (sea o no la más peligrosa de los dos) a la que, sin embargo, le toca huir. El poeta siente su tremenda vulnerabilidad y el miedo le hace considerar que ha visto los ojos de la serpiente y que ha sido como si se hubieran impreso en su alma. Kyoshi deja ese paisaje –también él huye, más lentamente y seguro que con más peso de miedo en su memoria– sabiendo que en algún lugar, oculta entre la hierba, está esa serpiente cuya mirada tiene ahora clavada en su retina. Pero ¿y ella, y la serpiente? ¿Sentiría ella también miedo? ¿Se llevaría a su refugio entre la hierba la mirada del hombre clavada en su alma de serpiente? De esto no sabremos nunca nada. El haiku sabe lo que deja pendiente, sabe de la imposibilidad de hacerse con todo lo que había allí mismo, en el "momento haiku", porque la realidad no tiene fondo.

En este caso, lo que está dándonos licencia para que el *haijin* no solo hable de sí mismo, sino que introduzca la palabra "yo" (*ware*), no es el sentimiento de "yo pienso esto o lo otro", completamente inadmisible para el mundo que generó el haiku, o un "yo que ama o no ama, un yo que es o no es amado", sino un "yo" que tiene miedo, con un temor íntimo y universal, en todo caso ancestral, como el del simio del que provenimos, al único depredador que es capaz de subir a los árboles más altos: la serpiente. Sin lugar a dudas, cuando el "yo" es parte de la Naturaleza tiene permitida su entrada en el haiku. Y un "yo" paralizado de miedo es el pan cotidiano –a cualquier hora, cualquier día– de todos y cada uno de los seres que viven en la Naturaleza.

El miedo que tengo o el miedo que me tienen, ambos son asombros legítimos, lugares posibles del haiku:

わが行けばいっさいのかに蘆隠る
Waga ikeba issai no kani ashi-kakuru
SEISHI

Cuando yo paso,
los cangrejos de golpe
se esconden entre los juncos

Hay otros casos en los que la aparición de la palabra "yo" se permite por otras razones. Por ejemplo, porque en ese haiku el "yo" sea un "yo ausente":

おにやんま思わず僕とにらめっこ
Oniyanma omowazu boku to niramekko
TAKEMATSU HIRONOBU

Una libélula-diablo
sin que me diera cuenta
me estaba mirando fijamente

Está escrito por un niño. El poeta habla de sí mismo porque él estaba siendo el objeto de contemplación de una criatura, pero no era consciente. Esta inconsciencia, este abandono a las cosas, también esta súbita consciencia de que estamos en el mundo y que en él hay criaturas, es perfectamente aceptable. Todo en él es ternura, es relación, es consciencia de presente. Para un niño, siempre es más fácil saber cuándo debe o no debe hablar de sí mismo, porque siempre que quiera hacerlo puede hacerlo. Nunca el haiku de un niño queda invalidado por hablar de sí mismo. En realidad, el haiku de un niño puede saltarse todas las reglas:

ありさんがぼくをみていたまるいめで
Ari-san ga boku o miteta marui me de
DESCONOCIDO

La hormiga
me está mirando
con sus ojos redondos

Un caso verdaderamente excepcional sería:

渡り鳥みるみるわれの小さくなり
Watari-dori miru miru ware no chiisaku nari
UEDA GOSENGOKU

Un ave migratoria cruza el cielo...
Poco a poco, como tú,
me voy haciendo pequeño...

En este caso, el *haijin* ha usado un pronombre personal que normalmente significa "yo" (*ware*), pero que en la región de Kansai se usa a veces como un "tú" muy coloquial, de modo que si lo lógico sería decir que el pájaro se va haciendo pequeño al alejarse en el cielo, el poeta –ya completamente implicado en lo que ve– asume que también él se va haciendo pequeño con la pequeñez del pájaro.

¿Puede un hombre sentirse el pájaro que ve alejarse? ¿Puede verse a sí mismo con la mirada del pájaro? ¿Puede sentir en el instante-haiku que todo es uno, y no ser consciente de quién se aleja y quién se queda? Todo es posible con tal de que no lo formulemos, con tal de que no le demos un formato de pensamiento a la experiencia. La experiencia en estado puro es sin palabras. El místico que en este caso ejerce de poeta estaba tan absorto en la escena que aplica al "yo" el efecto de aquello que se aleja, siendo en realidad el "yo" lo que se queda. Hasta ahí lo que el místico, explicando lo que ha escrito, podría decir con palabras. El que diga más, se queda solo en poeta.

81. Ha habido poetas que han tenido la tentación de definirse en su haiku

¿Y definirse un poeta en su haiku? ¿Podría un *haijin* decir al mundo con forma de haiku cómo ha visto su paso por la existencia? Sabemos que, por ejemplo, Bashô escribió:

旅人と我名よばれん初しぐれ
Tabibito to waga na yoberu hatsu-shigure
BASHÔ

"El viajero",
así seré llamado yo.
Primer chubasco invernal

Haiku bastante mediocre este de Bashô que, sin embargo, influyó en que Santôka escribiera uno realmente genial:

水に影ある旅人である
Mizu ni kage aru tabibito dearu
SANTÔKA

En el agua hay un reflejo.
Es alguien que va de viaje

El reflejo que Santôka ve en el agua es –aunque no se diga expresamente– el suyo; es él quien va de viaje. Mira su imagen, sin embargo, como la de alguien ajeno. Se ve a sí mismo desde fuera. No se reconoce. Se sorprende de lo que ha llegado a ser con el tiempo: un hombre cuya única identidad es el hecho de estar viajando. Somos lo que hacemos. Habría que repetir tres veces esta última frase, como hacen los árabes, para que se sepa que una frase es verdad. Pero sin tono grandilocuente, sin pesantez, sin gravedad. Fiel a la levedad del haiku que soporta este comentario. Un haiku frágil que comienza con la expresión "un reflejo en el agua" (*mizu ni kage aru*). Santôka nos está queriendo decir: «Soy solo un reflejo, una imagen, una forma de agua en el agua». En este instante, su haiku se dota hábilmente del valor poético que tiene en Japón la imagen, el reflejo, la sombra..., todo aquello que se mueve sin estar vivo. Todo aquello que desafía con su movimiento nuestra torpe clasificación "animado" (que tiene alma) – "inanimado" (que no tiene alma). Un reflejo se mueve y, sin embargo, decimos de él que no tiene vida, que no está habitado por un alma. En este haiku, Santôka nos hace entender que en esa imagen sobre la superficie del agua está viendo su alma. Que su alma flota sobre el agua. Y aún hay más. Considerando que la cesura de los versos ha sido un artificio del traductor para no perderse en la pura polisemia, este haiku tiene una mayor profundidad de sentido: Ese hombre que va de viaje, cuya imagen se refleja en el agua, no es uno cualquiera. Es un hombre que oculta un pasado, que viaja para olvidar su memoria de lo vivido. Una primera lectura –convencional– nos hace establecer las cesuras de los versos separando artificialmente *kage aru* ("hay un reflejo") de *tabibito* ("viajero"). Pero no podemos olvidar que en el original los versos no están divididos y que la simple pronunciación de las palabras hace que resuenen unas en otras tiñéndose de sentido aquellas que están más próximas, como si fueran un arco iris de colores que van graduándose lentamente. Hay, pues, una doble legítima lectura de las palabras *kage aru tabibito*, ya que *kage* puede significar tanto "reflejo, imagen" como "sombra". Sentimos que el viajero de que se nos habla es "un hombre con sombras en su pasado" (*kage ga aru hito*). Lo que contempla Santôka, como si saliera de sí mismo para verse, es la imagen de alguien que viaja interminablemente arrastrando un lastre: ese pasado que ahora se ve en imagen pesar ingrávido sobre el agua.

Y, después de paladear este haiku y apreciar cómo hay tantos sabores en él, ¿quién podría permitirse decir que no podemos definirnos en nuestro haiku? Pueda o no pueda hacerse, de hecho, se hace. En ocasiones puntuales, poetas muy excepcionales –Bashô, Santôka, también Shiki– lo han hecho. Esos haikus, por descontado, no podrán considerarse "haikus de lo sagrado", pero sí pueden llegar a ser buenos haikus, o incluso haikus magistrales. La vida –y el haiku trata precisamente de eso– es incontrolable. De esto nos damos cuenta en seguida que llegamos al haiku.

82. Ha habido poetas que han tenido la tentación de nombrarse en su haiku

Nos queda saber si en el haiku alguna vez aparece el nombre propio del *haijin* y, en el caso de que así sea, qué consecuencias pueda tener. Conocemos, al menos, tres haikus en los que ocurre:

あめのふる日はあはれなり良寛坊
Ame no furu hi wa aware nari Ryôkan-bo
RYÔKAN

Los días de lluvia,
el monje Ryôkan acaba
profundamente emocionado

El nombre propio del poeta es hasta tal punto un intruso en el haiku que puede llegar a hacerlo intolerable por completo. De hecho, obsérvese cómo el ejemplo que antecede ha dejado de enfocar el asombro hacia "los días de lluvia" y lo ha dirigido hacia el propio monje. Lo impresionante no resultan ser los días de lluvia, sino que en ellos el monje Ryôkan acabe profundamente emocionado (*aware nari*).

Veamos un segundo ejemplo:

秋の風一茶心に思ふやう
Aki no kaze Issa kokoro ni omou yô
ISSA

Viento de otoño…
¡Cuántas cosas pesan
en el corazón de Issa..!

Comprobamos que la consecuencia de la aparición del nombre propio del poeta en este haiku es la misma que en el caso anterior. El viento de otoño pasa a ser paisaje de fondo y es el corazón de Issa el que destaca en primer plano; un corazón que conoce toda suerte de penas y cavilaciones (una mujer y cuatro hijos muertos…), y que a nosotros nos está conmoviendo ahora más que el viento de otoño. No hay nada que hacer: si aparece el nombre del poeta, cualquier esperanza de haber escrito algo transparente se volatiliza; la realidad se vuelve opaca cuando nos enseñoreamos de nuestro haiku con algo tan tremendo como nuestro propio nombre. Un haiku con un nombre propio ya es difícil que levante el vuelo, pero si además es el del mismo *haijin*, entonces deja de ser un poema para volverse una piedra. Aunque fuera una piedra preciosa.

Con menos razón si el haiku es un chiste, del estilo de:

痩蛙まけるな一茶是に有り
Yasegaeru makeru na issa koko ni ari
ISSA

Sigue luchando,
pequeña rana macho…
Issa está aquí

En resumen, y para concluir respecto al tema del "yo" en el haiku (ya sea que aparezca como nombre propio, con posesivos o pronombres personales, o que se deduzca por el sentido que el poeta habla de sí mismo), concluiremos que cuanto menos aparezca, mejor. Hemos comprobado que hay ocasiones en que se permite su inclusión en el haiku, o porque la emoción de la que se habla es tan fuerte que no puede comprenderse sin hacer referencia al "yo" que la soporta, o porque ese "yo" es solo una excusa para hablar de lo exterior. Lo que resulta fundamental es darse cuenta de que en la poesía del haiku lo que importa es lo que está fuera del hombre, y no lo que sucede dentro. No interesa tanto lo que evoca en el *haijin* un instante del mundo natural como una fiel reproducción de ello. El poeta es necesario, porque es el que capta el momento del desenvolverse del universo y lo plasma en su obra de arte. Pero el instrumento no puede transformarse en el objeto de su trabajo. El lápiz no debe escribir sobre el lápiz. De lo contrario, seremos condenados a decirnos perpetuamente a nosotros mismos, a hablar de nuestros sentimientos, a hacer saber al mundo que estamos amando o nos sentimos solos, a dar fe de que somos budistas o lo que sea. Véase cómo Issa, que es tal vez el *haijin* que más rechaza los valores de la educación japonesa, acaba mezclando lo de dentro y lo de fuera, juzgando al mundo y dejando de percibirlo sin más:

苦の娑婆や櫻が咲けばさいたとて
Ku no shaba ya sakura ga sakeba saita tote
ISSA

Vieja vida mundana
de sufrimiento,
incluso floreciendo el cerezo

Para captar el exterior, uno debe haber depurado sus sufrimientos internos. Si no sabemos acallar nuestro mundo interior, permaneceremos ajenos a la realidad que nos circunda, con solo conexiones eventuales con el mundo y –por consiguiente– poco significativas, como la mente enferma que ve una película y apenas puede encontrar una lógica en ella porque no ha podido dejar de mezclar las escenas que ha visto con otras escenas que la película le evocó. Desde el punto de vista del haiku, los occidentales somos mentes enfermas que no podemos atender plenamente al mundo. Nuestra realidad psicológica compleja nos hace necesariamente desatender lo que está sucediendo a nuestro alrededor. Porque cualquier sensación exterior reverbera en nuestro interior y solivianta recuerdos, anhelos, miedos, frustraciones..., de modo que lo evocado por lo que hemos percibido hace unos instantes nos ha distraído durante un lapso y, al final, ha terminado confundiéndose con lo que acabamos de percibir. Trenzamos de un modo confuso lo que está sucediendo con la experiencia del mundo que llevamos a cuestas, y eso nos impide estar en presente. El interior del ser humano es una caja de resonancia. La educación japonesa trata de acolchar el ruido interior del ser humano, intenta impedir que se nos desarrolle un mundo psicológico complejo que nos aparte de la sensación directa y continua de nuestro exterior. En Japón, el "yo" del hombre es aquello con lo que se percibe el mundo, mientras que para nosotros el "yo" es todo ese mundo psicológico sutil que se ha ido generando en nuestro interior. En Japón –en realidad, en el Japón tradicional–, el "yo" es la unificación de los sentidos corporales, y en Occidente el "yo" es eso que se ha definido en nosotros frente al mundo.

83. Solo una vez extinguido el "yo" el poeta puede ser parte de su asombro

En el asombro del haiku puede también entrar, por ejemplo, el cuerpo del ser humano, la perfección de cada mínima acción humana y el secreto que esconde.

月へくみあげる水のあかるさ
Tsuki e kumiageru mizu no akarusa
SANTÔKA

La luminosidad del agua
que recojo y alzo
hacia la Luna

Incluso la perfección de la acción que se produce en nosotros más allá de ningún gesto voluntario, cuando el *haijin* no es sujeto agente, sino paciente:

ひとりで蚊にくはれてゐる
Hitori de ka ni kuwarete iru
SANTÔKA

A solas, un mosquito
está alimentándose
de mí

Esto es sentir el mundo para el *haijin*: la *vida en cámara lenta*. «Un mosquito me está picando en este instante. Lo estoy viendo con mis ojos. Pero estoy solo y le dejo hacer...». Por la razón que sea. Por no poder evitarlo, por no querer evitarlo, por sentir algo, aunque sea escozor, por no sentirse tan solo, por generosidad hacia otra vida minúscula que necesita una gota de nuestra sangre…, la razón no se nos dice. Únicamente un hecho: de mí en soledad se alimenta un mosquito, también en soledad. Sin la soledad, este haiku no sabría a lo mismo. El mosquito se alimenta de la sangre y de la soledad que hay en ella.

Solo desde este punto de vista podemos comprender la extraña perfección de determinados haikus japoneses:

へそが汗ためてゐる
Heso ga ase tamete iru
SANTÔKA

El ombligo
está recolectando
el sudor

84. La ausencia de sí como objeto poético

Ahí sigue el mundo real, impertérrito, haciéndonos desaparecer una y otra vez, bajo el efecto del encantamiento de su belleza, pese a nuestra obstinación en creernos algo consistente y definitivo que puede existir al margen de todo lo demás:

我をつれて我がかげ帰る月見かな
Ware o tsurete waga kage kaeru tsukimi kana
SODÔ

Contemplé aquella Luna
y ahora acompaño a mi sombra
mientras vuelve a casa

La fuerza de este haiku reside en que el sujeto de la oración no es el poeta, sino su sombra. No dice: «Miré la Luna y vuelvo a casa seguido por mi sombra», sino «Mi sombra vuelve a casa y yo la acompaño». La contemplación de la Luna le ha producido un trastorno tal que llega a sentirse ajeno a sí mismo, sin saber ni llegar a su casa. Es un haiku lleno de encanto y misterio. Pese a utilizar los términos japoneses que significan "yo" (*ware*) y "mi" (*waga*), cosa relativamente infrecuente en los haikus, como vimos en su momento, el poeta no está realmente presente: él sí que es –después de ver la Luna– verdaderamente una sombra. Una sombra que sigue a su sombra.

Una Luna, una flor, una mariposa, un aguacero…, cualquier cosa puede transformarte en una sombra, en un ausente:

夕顔に見とるるや身もうかりひょん
Yûgao ni mitoruru ya mi mo ukari-hyon
BASHÔ

Ante la flor del *yugao*,
pasmado hasta ausentarme
de mi propio cuerpo

蝶消へて魂我に返りけり
Chô kiete tamashii ware ni kaeri keri
WAFÛ

Desapareció la mariposa
y mi alma
volvió a mí

夕立にひとり外見る女かな
Yûdachi ni hitori soto miru onna kana
KIKAKU

Ante el aguacero de verano,
ahí fuera,
una mujer a solas

Citamos tres veces la ausencia, como si fueran trescientas o tres mil; y ni por esas desaparecemos. Somos lo que se obstina en estar. Escondiéndonos, parapetándonos tras esas palabras que nos hablan de extinción. Porque hay que hacer el proceso. No basta con degustar el que otros hicieron.

85. Requisitos para que la Naturaleza se muestre

Mudez, silencio, ocultamiento en el anonimato de nuestras propias palabras:

茶の木にかこまれそこはかとないくらし
Cha no ki ni kakomare sokohakatonai kurashi
SANTÔKA

Rodeado por arbustos de té,
llevando una existencia
anónima

No sabemos si el que vive ignorado del mundo, rodeado por arbustos de té, es el poeta o cualquier otro. El haiku no lo dice. Precisamente se trata de eso: de que la existencia del que sea haya logrado ser anónima de verdad. Tanto que, aun habiéndonos llegado el haiku, no sepamos de quién se hablaba. Para conseguir el efecto, el *haijin* ha debido elegir una palabra perfecta, complicada de pronunciación y de comprensión, pero perfecta. Esta vez la perfección se ha construido como algo complejo: *sokohakatonai* es el eje alrededor del que gira este haiku.

Lo impreciso es *sokohakatonai*; por ejemplo, un *vago* aire de tristeza en el rostro. También es *sokohakatonai* lo que no tiene una razón o motivo concreto para ser como es. En el *Genji Monogatari* leemos cómo el aroma del cerezo viene de un modo *sokohakatonaku*, y cómo en el viento fresco suena la voz de los insectos que son *sokohakatonashi*. Una existencia *sokohakatonai*, tal como se escribe en el haiku, es una vida de desapego, sutil, discreta, nada exagerada ni ambiciosa, sin objeto, que no molesta, que no tiene importancia, que pasa desapercibida: anónima. El único quehacer del *haijin* es llegar a ser nadie, esperar nada:

月が昇つて何を待つでもなく
Tsuki ga nobotte nani o matsu demo naku
SANTÔKA

La Luna ascendiendo.
Ni siquiera tengo
qué esperar

Únicamente en ese silencio de pretensiones, en ese silencio de objetivos, la Naturaleza nos hace sus confidentes:

ひっそり暮らせばみそさざい
Hissori kuraseba misosasai
SANTÔKA

Solo si tu vida
es algo no sabido,
el canto del *misosasai*

Fijémonos qué precariedad de recursos: solo tres palabras, una de las cuales es el nombre de un pájaro (*misosasai*), la otra un verbo ("si se vive, cuando se vive"), y la tercera y última, *hissori*, "sin decir nada", "sin hacer ruido", "sin ser observado", "sin que nadie lo note". Lo que no hace ruido pasa desapercibido. El sentido de este haiku es, en todo caso, muy claro: solo se puede oír el canto de este pájaro si uno ha dejado de ser un ruido de la existencia.

Y no solo oiremos la voz de las criaturas más tímidas y vulnerables. También la voz oculta de las cosas:

山暮れて山の声を聴く
Yama kurete yama no koe o kiku
SANTÔKA

Oscureciéndose la montaña,
escucho la voz de la montaña

Muchas veces nos hemos planteado lo que puede hacerse y lo que no puede hacerse en un haiku. Dentro de las reglas del haiku, una de las cosas que no puede hacerse es hablar de "la voz de la montaña". Excepto si la oyes.

86. El poeta ha desaparecido

Hallándonos al final de este proceso que lleva al *haijin* a ser pura Naturaleza, comprobamos cómo él mismo ha sido excluido de su poesía. El *haijin* ya no cuenta consigo mismo como una presencia en el lugar. La lógica nos dicta que el poeta que escribe un haiku debe estar presente. Pero lo que él afirma es que en la escena «no hay nadie»:

時鳥けふに限りて誰もなし
Hototogisu kyô ni kagirite tare mo nashi
SHÔHAKU

Canta el *hototogisu*,
precisamente hoy
que no hay nadie

Por supuesto, también hay un sentimiento de soledad en este tipo de haikus. Pero la soledad siempre anuncia el encuentro con lo sagrado. Si lo que nos ocurre no se puede compartir, y es una experiencia profunda, solo entonces, de lo más íntimo de nuestro propio corazón emerge una compañía imposible de definir. Cuando lo que presenciamos nos eclipsa, y no hay nadie con quien compartirlo, conviene que nos descalcemos, pues pisamos tierra sagrada. Póngasele el nombre que se le quiera poner, o no se le ponga ninguno, pero solo una cosa hace que el ser humano olvide su "yo" –aunque solo sea por unos momentos– y a esa es a la que está dedicada la mejor parte de la producción del haiku, la del "haiku de lo sagrado". Una vez que esa realidad trascendente nos ha hecho desaparecer, una vez que llegamos a "ser nadie", asumimos que el mundo pasa ante nosotros soportando que lo ignoremos. El mundo es aquello que ocurre indiferente a la conciencia que el hombre tenga de él:

春暁や人こそ知らね木々の雨
Shungyô ya hito koso shirane kigi no ame
SÔJÔ

El alba de primavera –
Los hombres no se dan cuenta.
La lluvia en los árboles

En la medida que aquello que sucedió ocurriera para menos gente, la carga de sacralidad de un haiku es mayor. Las cosas suceden más cuando suceden en completa soledad. El río suena más si nadie lo escucha, y la luciérnaga brilla más reluciente. El mundo que excluye al ser humano, en Japón, es la pura hierofanía. El auténtico camino es el que nadie recorre:

此道や行く人なしに秋のくれ
Kono michi ya yuku hito nashi ni aki no kure
BASHÔ

Este camino –
Por el que nadie va.
Crepúsculo de otoño

87. El buen haiku tiene un “pellizco” que no puede explicarse

Y a pesar de haber explicado tantas cosas sobre el haiku –el haiku bien construido–, todavía no hemos dicho nada. Todavía queda todo por decir. Hay tantas cosas que siempre escapan al análisis, al comentario... El sentido último del haiku –eso que no logramos dejar patente en nuestras traducciones y a menudo tampoco en nuestras torpes explicaciones– es justamente lo primero que te llega cuando se lee el poema en japonés. Un situarse en el haiku mismo de un golpe, sin que nada te haya pedido permiso; algo que logra unificar en ti esos sentidos en desconcierto que normalmente constituyen tu “yo”. El haiku bien realizado consigue tu unificación ante él porque es algo que ha conseguido ser uno, esto es, mezclar armónicamente todos esos niveles de interpretación que con el tiempo y el afán conseguimos los críticos exponer por separado. Sentir el haiku es una experiencia inmediata que nos revela cómo la vida nos es inmediata. Ponemos barreras entre nosotros y la vida y el haiku no va a permitirlo: la maravilla se nos muestra, nos trastorna, y nos deja luego con un palmo de narices.

聲ばかり落て跡なき雲雀かな
Koe bakari ochite ato naki hibari kana
AMPÛ

Así es la alondra:
una voz que cae en picado
y, cuando la busco, nada

«... y, cuando la busco, nada...». Un haiku que desciende con la majestad con la que reina el silencio en la noche de invierno, indicándonos que basta de palabras. Haciéndonos ver que es hora de volver a nuestro silencio. Que debemos dejar las consideraciones y los comentarios porque toda palabra es ruido culpable, mientras no se demuestre lo contrario; culpable de no trasparentar el silencio. Al llegar a este haiku acabamos por comprender que es tiempo, sobre todo, de que el lector deje de serlo y pase con su propio timbre de voz a decir su silencio.

88. El haiku nos invita a comenzar un viaje

El haiku no puede explicarse, sino solo ofrecérsenos. Y decidimos abandonar las palabras insignificantes, las palabras sin significado, las palabras heredadas, las palabras usadas, las palabras prostituidas, las palabras altisonantes, las palabras ociosas, las palabras groseras, las palabras vanidosas, las palabras del "yo", las palabras del poder... A partir de ahora, la cuestión no va a ser por dónde debe seguir nuestra comprensión del haiku, o qué nos queda por explicar del haiku, sino adónde voy con todo esto que he aprendido. Se trata de movernos, de ponernos en camino; no de saber. Nunca fue saber el objetivo, sino comenzar un viaje. Un viaje para el que jamás nadie tendrá la más rudimentaria cartografía. La idea es convertirse en un vagabundo en el mundo de lo real por culpa de la belleza que un día nos trastornó:

梅遠近南すべく北すべく
Ume ochi kochi minami subeku kita subeku
BUSON

Ciruelos por todas partes...
¿Debería ir al sur
o debería ir al norte?

La belleza todo lo inunda y el camino es indiferente. Pero debe tomarse uno en concreto. Y, para ello, debemos llegar antes desde nuestro mundo de fantasía al presente real. Solo puede decidirse desde el presente:

さて、どちらへ行かう風がふく
Sate dochira e ikô kaze ga fuku
SANTÔKA

Bien, ¿adónde vamos?
Sopla el viento

西か東かまづ早苗にも風の音
Nishi ka higashi ka mazu sanae ni mo kaze no oto
BASHÔ

¿Al oeste o al este?
Antes de nada, el sonido del viento
en el arroz temprano

En este viaje nos concienciamos a perderlo todo, a que nos estructure la pobreza y a dejarnos llevar por amor de nada. Eso somos: una nada que busca, que olisquea y reverbera contra las piedras como el eco; una nada que quiere comprenderse a sí misma y para ello no hay precio que no esté dispuesta a pagar; somos una ausencia, un asombro de lo que a nadie asombra.

Y perdemos así gustosamente nuestra vida atentos ante los estímulos que nos guían, los estímulos que nos hacen… Algo que se mueve, el color de aquello, una textura, el momento exacto de un evento, la contemplación de un ser majestuoso, la de uno ínfimo, un sonido… Con tal de que tengamos la suficiente cortesía con el mundo al usar nuestras palabras, cualquier cosa puede servirnos para "decir la Nada".

Los haikus hablan de cualquier nadería. Esta recurrencia del haiku a la nada nos incomodó desde el principio y acabó alterando nuestras más firmes certezas. Ninguna palabra dice lo que dice. Nosotros siempre tratamos de poner en el lenguaje más de lo que el lenguaje puede soportar, y por eso se rompe. Especialmente, cuando necesitamos contar eso único que merece ser comunicado, ese encuentro nuestro con lo inefable del que José Manuel Martín Portales escribía:

Nada puede decirse…
Pero hay que decir la Nada

"Decir la Nada", efectivamente, eso es el haiku. Esa es la excepción a nuestro habitual parloteo de palabras. El haiku, eso que realmente significa que estamos vivos y que estamos atentos al mundo.

Issa, en su último haiku, haiku de muerte, quiso poner el acento en todo ese inútil borbotón de palabras que es nuestra vida:

たらいからたらいに移るちんぷんかん
Tarai kara tarai ni utsuru chimpunkan
ISSA

Nos mudamos de una tina
a otra tina…
¡Cuánta palabra sin sentido!

De la cuna al ataúd, de un barreño a otro, todo es *chimpunkan*. *Chimpunkan*, en japonés, es una frase hecha que trata de reproducir onomatopéyicamente el inútil sonido de las palabras que no significan nada. Cuando un japonés quiere decir «no te comprendo», puede chistosamente usar la expresión *chimpunkanpun*. Issa, muriendo, confiesa no haber entendido nada; nada de su vida, nada de la vida humana, nada del sentido de tantas palabras y tantos versos. Issa comparte con nosotros su sospecha de que todos seamos extranjeros en el mundo escuchando un idioma que no comprendemos, un idioma que no responde a la realidad de las cosas, que nos hemos inventado para separarnos del flujo de la vida, palabras que solo en ocasiones puntuales se prestan a ser haiku. Y que solo excepcionalmente es entendido por los habitantes de ese mundo real que nos rodea y que nos interpela a cada paso: «Oh hombre, oh mujer, ¿qué eres? ¿Qué significas tú? ¿Qué es lo que significan tus palabras?».

Y la contestación del *haijin* es:

今まではなまたわごとを月夜かな
Ima made wa nama-tawagoto o tsukiyo kana
TOKUGEN

Hasta ahora
no he dicho más que tonterías…
¡Qué noche de Luna!

Este libro no quiere ser un *chimpunkanpun* de la oferta cultural del ocio de nuestra vida vanal; otro cómplice más de nuestros hábitos de consumo de literatura espiritual. Su ambición –no sabemos si su realidad– es mucho más. Más que ser leído, pretende contribuir a fabricar a fuerza de palabras un silencio largo como una vida de hombre, como una vida de mujer.

Tal vez deba ser eso nuestra vida: un silencio hecho de palabras... Tendemos un puente de palabras entre un silencio y otro silencio. Entre el silencio que fuimos y el silencio que seremos... Lo llamamos "nuestra vida", aunque, en realidad, las más de las veces, no es más que un ruido que se obstinara en el tiempo. Hasta que tenemos la suerte de rendirnos ante lo que nos sobrepasa, de ser doblegados por el misterio que nos envuelve y el misterio que somos, y nos decidimos con todas nuestras fuerzas a transformar nuestra palabra en silencio.

Así surge el haiku. Como una locura por no-decir con palabras, como un despropósito, como una paradoja llena de luz. Es con el haiku como comprendemos que hasta que no consigamos expresar audiblemente nuestro silencio, todo ha sido fracaso, todo ha sido insuficiente, todo un dolor inútil.

APÉNDICE

Abare nomi waga te kakate jôbutsu seyo
Achiramuki ni neta hito yukashi haru no kure
Akadana no kiku kazashi yuku nezumi kana
Akai shito shite itsu made tabi o tsuzukeru koto ka
Aki no kaze Issa kokoro ni omou yô
Akihenro koinraundry no jun o matsu
Akikaze ni aruite nigeru hotaru kana
Akikaze no hara tatete iru kamakiri de
Amagumo ni hara no fukururu kawazu kana
Amanogawa edagawa dekite fuke ni keri
Ame no furu hi wa aware nari Ryôkan-bo
Ame no hi ya mada ki ni kurete nemu no hana
Ari o korosu korosu tsugi kara detekuru
Ari-san ga boku o miteta marui me de
Aritachi ga kusa ni nobotte sugu oriru
Aru ga mama zassô to shite me o fuku
Aru toki no kokoro no mugoku kemushi yaku
Aruiwa kou koto o yame yama o mite iru
Asagao ya rinki senu tsuma utsukushiki
Ashioto hitotsu kuru kodomo no ashioto
Bashô nowaki shite tarai ni ame o kiku yo kana
Botan chitte uchikasanarinu ni-san pen
Cha no ki ni kakomare sokohakatonai kurashi
Chô kiete tamashii ware ni kaeri keri
Chôchô no mono kû oto no shizukasa yo
Dô suru koto mo dekinai mujun o kaze fuku

Efumi shite nembutsu môsu omina kana
Ekiren no shôjo wa densen no nioi
Furudera ya hôroku suteru seri no naka
Furu-ike ya momiji o yurasu koi no obire
Fuyugare ya yo wa hito iro ni kaze no oto
Ganjitsu o tenchi wagô no hajime kana
Hachi gatsu ya nedama fuku ni mo chikara iru
Hada kakusu onna no hada no atsusa kana
Hakutô ni hito sasu gotoku ha o irete
Hanasusuki yukue mo shirenu hatachizuma
Haru kaze ya Miho no Matsubara Seikenji
Haru no mizu tokoro-dokoro ni miyuru kana
Haru no yama kara korokoro ishikoro
Haru no yo no onna to wa waga musume kana
Harukaze ni shiri o fukaruru yaneya kana
Harusame ni nuretsutsu yane no temari kana
Harusame no ko shita ni tsutau shizuku kana
Harusame no soko o sagasu ya koe no ito
Harusame ya kawazu no hara no mada nurezu
Hatsu shigure doko yara take no asaborake
Hatsukoi ya tôro ni yosuru kao to kao
Hatsu-shigure saru mo komino o hoshige nari
Hatsu-yuki ni kono shôben wa nani yatsu zo
Hatsu-yuki ya nami no todokanu iwa no ue
Hebi nigete ware o mishi me no kusa ni nokoru
Heso ga ase tamete iru
Higurashi no fui to hitokoe tsukiyo kana
Himawari o totte shikararete hana o miru
Hissori kuraseba misosasai
Hito hana dani chirazaru ima no toki tomare
hito no kite mata mo zukin o nugase keri
Hito wa iza suguna kakashi mo nakari keri
Hitokuchi ni taranu shimizu no tôtosa yo

Hitori de ka ni kuwarete iru
Hitosuji no nagaruru ase mo kotoba nari
Hitosuji no tsurô nokoshite bancha hosu
Hoshi sude ni aki no manako o hirakikeri
Hotaru no shi ya sanzun no kago no naka
Hototogisu kyô ni kagirite tare mo nashi
Ichinichi mono iwazu nemurenai tsukiyo to naru
Ichiwa kite nakanai tori dearu
Ikisugite ware mo samui zo fuyu no hae
Ikite ware ari uzushio no naka ni ari
Ikumure ka oyoide yuku ya iwashi uri
Ima made wa nama-tawagoto o tsukiyo kana
Imo no happa no asobi-gokoro ya kaze no mama
Inazuma ni satoranu hito no tôtosa yo
Inu kuru ryôme ni kuroi umi yurashi
Inu o utsu ishi no satenashi fuyu no tsuki
Ishiyama no ishi yori shiroshi aki no kaze
Jakumaku to hiruma no sushi no nare kagen
Jûnin ga toiro ni netaru atsusa kana
Kaketaranu onna-gokoro ya doyôboshi
Kaketori mo kite kurenu ômisoka hitori
Kamo wataru gekka roteki no oto mo nashi
Kao miyo to tsuki mo kasa nugu hikari kana
Kare-ashi ya Naniwa irie no sazaranami
Kare-eda ya omikuji hitotsu kaze ni yure
Kareshiba ya yaya kagerô no ni-san-sun
Kasa o nugi shimijimi to nure
Kataku naru mejiro no fun ya fuyu chikashi
Kawa bakari yami wa nagarete hotaru kana
Kawa koeshi onna no hagi ni hanamo kana
Kawa sumu ya ochiba no ue no mizu go-sun
Kiri ni kanashi to kokoro toke futari soiyukeri
Kiso-gawa wa ikari Kiso-yama wa warau nari

Kiyotaki ya nami ni chiri naki natsu no tsuki
Kiyotaki ya nami ni chiri-komu aomatsuba
Kizu ga sono mama akagire to nari fuyu komoru
Ko no ha furufuru noguso suru
Kochô ni mo narade aki furu namushi kana
Kôchû ni odoru koharu no ame no tama
Koe bakari ochite ato naki hibari kana
Kogarashi ya nijûshi mon no yûjogoya
Koi shinaba waga tsuka de nake hototogisu
Koke musu niwa no iwashimizu
Kokono tabi okite mo tsuki no nanatsu kana
Kome maku mo tsumi zo yo tori ga keau zo yo
Kongô no tsuyu hitotsubu ya ishi no ue
Konjô no ase ga kieyuku okâsan
Kono michi ya yuku hito nashi ni aki no kure
Koraekanete kuzururu yoru no botan kana
Ku no shaba ya sakura ga sakeba saita tote
Kuchi aite rakka nagamuru ko wa hotoke
Kujira-uri ichi ni katana o narashi keri
Kumo kasumi nomitsutsu koen kiku no yamaji
Kumo wa ami haru watashi wa katashi o kôtei suru
Kumo wa hebi nomikomu tsuki no kaeru kana
Kusa no ha o ochiru yori tobu hotaru kana
Kuzureru ie no hisoka ni kuzureru higurashi
Kyô mo kyô mo kyô mo kyô mo ya damashi kumo
Kyô no hi mo bôfurimushi yo asu mo mata
Massuguna shôben-ana ya kado no yuki
Mata ikko rison no uwasa kiri no hana
Matsu ni fuji tako ki ni noboru keshiki ari
Me ni wa aoba yama-hototogisu hatsu-gatsuo
Me o tojite mukashi no koi ni atatamaru
Meigetsu ni inukoro suteru shimobe kana
Mi ni shimu ya naki tsuma no kushi o neya ni fumu

Mi o saite saku asagao no ari ni keri
Mienu mono mie shinchin to yowa no natsu
Mijikayo ya ashi-ma nagaruru kani no awa
Mikazuki ni chi wa oboro nari soba no hana
Mizu ni kage aru tabibito dearu
Mizu ni sotte ichinichi damatte yuku
Mizu oto to issho ni sato e orite kita
Mono no me no araware ideshi daiji kana
Mukimuki ni kawazu no itoko hatoko kana
Murashigure yama kara kozô naite kinu
Musashino wa kyô wa na akeso aki no tsuki
Mushi no tamago o sodatete itaru fuyu no shiba
Mushiatsuku ikimono ga ikimono no naka ni
Nagare-yuku awa ni yume miru tonbô kana
Namioto no onembutsu ga kikoeru
Natsuyase to kotaete ato wa namida kana
Nawashiro ya kohebi no wataru yûhikage
Nishi ka higashi ka mazu sanae ni mo kaze no oto
Nomi no ato kazoe nagara ni soeji kana
Nukegake no asase wataru ya natsu no tsuki
Nusubito ni tori nokosareshi mado no tsuki
Nyorai dete te ni uketamau shidareume
Ochiba o fundekite koibito ni atta nado to iu
Ôi-gawa nami ni chiri naki natsu no tsuki
Okizama ni tsuyu furuikeri kusa no shika
Okujira no ai no namida ya hoshiakari
Ômon no omoki tobira ya haru no kure
Oniyanma omowazu boku to niramekko
Otoko bakari no naka ni onna no atsusa kana
Ôzora ya watariyuku tori nuno no gotoshi
Rinchû no ishi mina yameru banka kana
Sabishisa no soko nukete furu mizore kana
Sakari naru hana ni mo taenu nembutsu kana

Saki no yo no ore ga itoko ka kankodori
Sakuganki fui-ni taka naru murashigure
Samidare ya kuwaneba kusaru mono o kû
Samidare ya sushi no omoshi no namekujiri
Samishii zo hitori gohon no yubi o hiraite miru
Sarusuberi rikkontodoke o daihitsu su
Sashinuki o ashi de nugu yo ya oboro-zuki
Sate dochira e ikô kaze ga fuku
Seiten ni ariake-zuki no asaborake
Seki o shite mo hitori
Sekitei ya tsutsuji no mama ni mizu no oto
Sekkyô ni kegareta mimi o hototogisu
Shibaraku mo nokoru mono nashi kigi no iro
Shibyô ete tsume utsukushiki hioke kana
Shika no ashi yoromeki hososhi kusamomiji
Shimijimi ikasarete iru koto ga hokorobi nû toki
Shimo o kite kaze o shiki-ne no sutego kana
Shimogyô ya yuki tsumu ue no yoru no ame
Shinde shimaeba zassô ame furu
Shinôka to sasayakareshi wa hotaru no yo
Shizukanaru mizu wa shizumite natsu no kure
Shizukasa ya chiru ni sureau hana no oto
Shizukasa ya iwa ni shimiiru semi no koe
Shizumareba nagaruru ashi ya mizusumashi
Shôji no naka no yuki furishikiru
Shôshô to furu mizu o kumu
Shungyô ya hito koso shirane kigi no ame
Soi-chi-ne no wasure chibusa ni hae tomaru
Sono ato wa meido de kikan hototogisu
Sono mon ni atama-yôjin koromogae
Suisen o otte shikarareta yoru rokuji
Susamaji ya onna no megane toshi no kure
Sutsubame no shita ni hi o taku amayo kana

Suwaritaru fune ni neteiru atsusa kana
Suzukuri ya nagaki himo sage kotori tobu
Tabakoya ni tabako ga nai samui no ame furu
Tabi no kakioki kakikaete oku
Tabibito to waga na yoberu hatsu-shigure
Tada oreba oru tote yuki no furi ni keri
Take no ha sayasaya hito koishikute iru
Tani-ji yuku hito wa chiisaki wakabana kana
Taoraruru hito ni kaoru ya ume no hana
Tarachine no tumamazu ari ya hina no hana
Tarai kara tarai ni utsuru chimpunkan
Tera fukaku take kiru oto ya yûshigure
Tomoshibi no kotoba o sakasu samusa kana
Tonbô no mau ya iri-hi no issekai
Tonbô tsuri kyô wa doko made itta yara
Tonbô ya kurui-shizumaru mikka no tsuki
Toratsugumi koibumi hitotsu hitotsu mosu
Toshi akuru namioto kuni no yomo tsutsumu
Tôyama ga medama ni utsuru tonbo kana
Tsubakurame naite ja o utsu koie kana
Tsuki akari hachiyushichi no mono omoi
Tsuki e kumiageru mizu no akarusa
Tsuki ga nobotte nani o matsu demo naku
Tsuki no yuki ao-ao yami o some ni keri
Tsukihanasu mizao ya iwa no sumiregusa
Tsukuzuku samishii waga kage yo ugokashite miru
Tsumazuite kawaii take no ko kao o dashi
Tsumetai kaze no mimi kataku tsuiteru
Tsurigane ni tomarite hikaru hotaru kana
Tsurigane ni tomarite nemuru kochô kana
Ugoku ka to take o mite iru atsusa kana
Uguisu no aoki ne o naku kozue kana
Uguisu ya cha-no-ki-batake no asa-zuki-yo

Uguisu ya hyakunin nagara ki ga tsukazu
Uki-fune no suzushiki naka e kani no kô
Umasôna yuki ga fûwari fûwari to
Ume no hana akai wa akai wa akai kana
Ume ochi kochi minami subeku kita subeku
Umi o nû mio no shiraito kami no tabi
Umizuki no hara o kakaete taue kana
Uo hanete mizu shizuka nari hototogisu
Ureshii tayori mo kanashii tayori mo haru no yuki furu
Ureshikute furu yuki kuchi de uketomeru
Utsutsu naki tsumami-gokoro no kochô kana
Waga ikeba issai no kani ashi-kakuru
Wakaba fuku sara-sara-sara to ame nagara
Ware ima koko ni umi no aosa no kagiri nashi
Ware o tsurete waga kage kaeru tsukimi kana
Watari-dori miru miru ware no chiisaku nari
Yado no haru nanimo naki koso nanimo are
Yadogae ni hanage mo nukinu ume no hana
Yama kurete yama no koe o kiku
Yama no shizukasa e shizukanaru ame
Yamaji kite naniyara yukashi sumire-gusa
Yamasuso yasuraka ni ha no nai kurashi mo
Yanebiki no kintama shibomu aki no kaze
Yasegaeru makeru na issa koko ni ari
Yô nashi wa ware to mugura zo hototogisu
Yo-kagura ya hanaiki shiroki men no ura
Yowa no natsu shiin to fukete jûnana on
Yûdachi ni hitori soto miru onna kana
Yûgao ni mitoruru ya mi mo ukari-hyon
Yûgao no hana de hana kamu musume kana
Yû-kage ya nagare ni hitasu tonbô no o
Yuki nagara yamamoto kasumu yûbe kana
Yuki tsumu ue no yoru no ame

Yuki-ma yori usu-murasaki no me-udo kana
Yuki-ore ya mukashi ni kaeru kasa no hone
Yuku haru o Ômi no hito to oshimikeri
Yûyakete nishi no jûmanokudo suku

Notas

1. Blyth, R.H. *A History of Haiku*, vol. 2, pág. 351. Citado en castellano en Rodríguez Izquierdo, F. *El haiku japonés*, pág. 69.
2. En Japón, a la Vía Láctea se la llama "el Río del Cielo" (*Amanogawa*).
3. *Kagyû kakujô no arasoi*, refrán recogido en Takashima, T. *Kotowaza no izumi* ("Fuente de proverbios"). Tôkyô: Hokusseido Press, 1991, pág. 109.
4. Es cierto que en Bashô la habilidad pedagógica llega a ser a veces más un problema que un talento. Por ejemplo, en este caso, resulta ingenioso que los términos usados nos hagan escuchar el viento, pero ¿a qué precio? Responderemos esta pregunta con otra pregunta: ¿Ha conseguido Bashô contagiarnos la impresión que él recibió? ¿O solo ha logrado que apreciemos su arte, su habilidad poética? Si vemos al poeta en su haiku, no es un buen haiku.
5. Una breve explicación resulta necesaria: «mañana (*asa*) - noche (*yo*)», «árbol (*ki*) - fuego (en la parte izquierda del *kanji hatake* ("campo"), lo que se llama la parte *hen* del *kanji*)».
6. Traducción y cita suministrada por José María Cabeza Laínez.
7. Takahama, K. «Haiku no tsukurikata» («Manera de componer haiku»), en *Arusu fujin kôsa* («Conferencias Arusu para señoras»). Tôkyô: Ed. Arusu, 1927, pág. 13. Citado en Rodríguez Izquierdo, F. *El haiku japonés*, pág. 140.
8. Rodríguez Izquierdo, F. *El haiku japonés*. Madrid: Hiperion, 1994, pág. 150.
9. La clave de la traducción de este haiku está en *Mukimuki*: «Así, de cualquier modo; amontonadas, reliadas entre ellas; cada una haciendo lo que le viene en gana; sin orden ni concierto; a su amor». Estimamos que se hace alusión a su promiscuidad. En castellano castizo diríamos algo así como: «¡Ala!, ¡Ahí!, ¡Eso es!, A la buena de Dios… / luego cualquiera sabe quiénes son primas / y quiénes primas lejanas...».

10. Barthes, R. *El imperio de los signos*. Madrid: Mondadori, 1991, págs. 95-97.
11. Traducido al inglés por Keene, D. *Japanese Literature*. Londres: John Murray, págs. 377-383.
12. La cita entrecomillada es un verso de Robert Browning; el final del párrafo corresponde –como se sabe– al archiconocido aserto de Leibniz.
13. Blyth, R.H. *A History of Haiku*. Tôkyô: Hokuseido Press, 2 vols., 1981-2, págs. 204-2.
14. El que sigue es un haiku de motivo ligero, es cierto, pero Blyth trata con excesiva dureza al poeta al decir: «En otras palabras, Kikaku nunca es –como Chaucer– realmente serio». Blyth, R.H. *A History of Haiku*, págs. 137-138. En este ensayo hallaremos notables pruebas –una de las cuales es el haiku precedente– de la profundidad de la poesía de Kikaku.
15. El *susuki* es un tipo de caña alta, coronada por un penacho de plumas.
16. Curioso el nombre de este árbol, *sarusuberi* significa literalmente "los monos se resbalan". Las flores de este árbol tienen una tonalidad fucsia.
17. «*Hokku* is the blending of things». Blyth, R.H. *A History of Haiku*, pág. 34. Del *hokku* podría decirse que es la forma más primitiva del haiku: los tres primeros versos (5-7-5) de una cadena poética de poemas de 5-7-5-7-7 a la que se llamó *renga*.
18. *Nembutsu*: recitación ritual que predicaron las ramas del budismo japonés Jodô y Shin-jodô por las que el creyente se acoge a la protección del Buda y espera de él su salvación.